HUOBI ZHENGCE TOUMINGDU

LILUN YU ZHONGGUO DE JINGYAN YANJIU

货币政策透明度
理论与中国的经验研究

◎卜振兴 著

新华出版社

图书在版编目（CIP）数据

货币政策透明度：理论与中国的经验研究 / 卜振兴著.
— 北京：新华出版社, 2021.4
ISBN 978-7-5166-5760-7

Ⅰ. ①货… Ⅱ. ①卜… Ⅲ. ①货币政策—研究—中国
Ⅳ. ①F822.0

中国版本图书馆CIP数据核字(2021)第058530号

货币政策透明度：理论与中国的经验研究

作　　者：卜振兴

责任编辑：蒋小云　　　　　　　　封面设计：三鼎甲

出版发行：新华出版社
地　　址：北京石景山区京原路 8 号　　邮　　编：100040
网　　址：http://www.xinhuapub.com　　http://press.xinhuanet.com
经　　销：新华书店
购书热线：010-63077122　　中国新闻书店购书热线：010-63072012

照　　排：中版图
印　　刷：河北盛世彩捷印刷有限公司
成品尺寸：170mm×240mm
印　　张：11.75　　　　　　　　字　　数：181 千字
版　　次：2021 年 4 月第一版　　印　　次：2021 年 4 月第一次印刷
书　　号：978-7-5166-5760-7
定　　价：50.00 元

摘 要

20世纪90年代以来，各国货币政策风格出现了重大转变。从全球范围来看，加强与公众的交流沟通，提升政策透明度正在成为一种国际趋势。随着各国央行越来越重视与公众的交流和沟通，货币政策透明度问题受到了政府和学界的高度关注。2015年10月份，中国正式加入国际货币基金组织数据公布特殊标准。这一方面表明中国信息统计标准的提高，另一方面也表明中国政策透明度水平的提升。那么，为什么各国央行近年来逐渐提高货币政策透明度，什么原因促使央行由隐秘性的货币政策向透明性的货币政策转变，我国货币政策透明度情况如何，哪些因素会影响央行货币政策透明度，货币政策透明度又会对政策效果产生哪些影响。这些都是本书试图回答和解决的问题。

全书共分为八章。第一章为绪论，主要介绍本书的研究背景、研究意义、研究内容、结构安排以及可能的创新和不足。

第二章对货币政策透明度的相关文献进行了综述。对已有的研究成果进行梳理和总结，不但有助于把握透明度评价的现状和进展，而且也为后续研究提供了基础。本书的文献综述主要包括四个部分，分别为关于货币政策透明度定义的研究、关于货币政策透明度评价水平的研究、关于货币政策透明度影响因素的研究以及关于政策透明度政策效果的研究。本章对每部分有代表性的研究成果进行了总结和分析，并对后续研究提出了建议。

第三章是货币政策透明度的理论与实践基础研究。货币政策风格转变具有深刻的理论基础和实践基础。分析和探讨货币政策透明度提升的原因对于全面理解货币政策具有重要意义。本章首先研究了货币政策透明度提升的理论基础，将其总结为预期理论、信息经济学理论、动态不一致性理论、公共选择理论和委托代理理论；其次，本章分析了货币政策透明度提升的实践基础，主要包括民主政治的发展、经济危机的爆发和信息技术的进步等；最后结尾部分对本章进行了总结，并认为货币政策风格的转变是理论进步和实践发展共同作用的结果。

第四章是提升货币政策透明度的利弊分析。虽然提升货币政策透明度已成为大多数国家共同的选择，但是这并不代表提升政策透明度是有利无害的。本章系统地分析了提升货币政策透明度的好处，同时也阐述了其弊端。最后，本章对文中貌似冲突的观点进行了解释，同时也对减少透明度带来的弊端提出了政策建议。

第五章是我国货币政策透明度评价研究。为了考察我国货币政策透明度的状况，本章首先利用指标体系方法测度了我国在信息披露方面的货币政策透明度状况；其次，运用动态指数方法测度了我国在市场反应方面的货币政策透明度状况；再次，本章将信息披露评价与市场反应评价相结合，建立了货币政策透明度综合评价指数，对我国的货币政策透明度状况进行了评价；最后根据测算结果，本章分析了我国货币政策透明度的演变情况，同时分析了我国货币政策透明度建设中存在的问题，为未来我国货币政策透明度建设指明了方向。

第六章是我国货币政策透明度影响因素研究。影响因素分析是货币政策透明度问题的重要组成部分，但是目前国内外还缺乏对这方面的研究，尤其是定量研究。本章首次运用基于有向无环图的结构向量自回归模型研究了影响我国货币政策透明度的因素。研究表明，货币政策透明度的波动绝大部分可以由自身因素来解释。除去自身惯性因素外，各变量对货币政策透明度波动影响的大小从高至低依次为开放度、经济增长、历史通胀和金融深化。这说明我国货币政策透明度受外部因素影响较大，受内部因素影响较小；受实体经济因素影响较大，受物价、金融等虚拟经济因素影响较小。

第七章是货币政策透明化的政策有效性研究。围绕着货币政策透明度政策效果的问题，本章主要做了以下两方面的工作：一是通过理论推导，论证了货币政策透明度对于宏观经济效应的影响；二是通过运用TVP-SV-VAR模型对我国货币政策透明度与宏观经济波动的关系进行了实证检验。无论是理论推导还是实证检验，二者均表明，货币政策透明度有助于减少宏观经济波动，提升货币政策效果。为了进一步发挥货币政策透明度在政策执行中的效果，央行应进一步加强与公众的交流和沟通，不断提升政策透明度的水平。

第八章是结论与政策建议。本章对全书的主要研究进行了总结，并对我国货币政策透明度建设提出了政策建议。

在我国货币政策出现新调整和变化的背景下，本书的研究加深了对货币政策透明度提升问题的认识，同时也有助于指导货币政策的实践。因此，具有非常重要的理论意义和实践意义。

目 录

第一章　绪论

本章是全书的绪论，主要介绍选题背景与研究意义、研究内容与架构、可能的创新与不足。

第一节　选题背景与研究意义

一、选题背景

2016年1月18日第九届亚洲金融论坛在香港举办，美联储前任主席本·伯南克（Ben Bernanke）在论坛中表示："保持较高的透明度对于央行而言至关重要，透明度越高就越能赢得市场的信任，而一旦市场信任央行，市场将会帮助央行实现政策目标。"伯南克在讲话中着重强调了提升货币政策透明度的巨大意义，他的讲话引发了政府和学术界关于货币政策透明度问题的热烈讨论。但是提高政策透明度并不是古而有之的，以货币政策为例，20世纪八九十年代以前，世界上绝大多数央行都奉行隐秘性的货币政策。货币当局既不愿意主动公布货币政策的目标和意图，也不会主动与公众沟通和交流。King（2004）记录的1931年英格兰银行副行长厄内斯特·哈维（Ernest Harvey）在接受麦克米伦委员会（Macmillan Committee，又称英国金融与产业委员会）质询时与委员的对话就表明了这一点。当时该委员会的委员格雷戈里（Gregory）问哈维："英格兰银行考虑过参照美联储的方式发布年度公告吗？"哈维表示，"为了安全起见，英格兰银行只会发布历史政策和信息的公告，即使是发布历史政策和信息的公告，我们也很犹豫，因为历史信息要么没有发布的价值和必要，要么由于我们的发布而引起市场过分的解读，使其产生了不恰当的重要价值"。哈维讲话的隐含意思就是，英格兰银行既不愿意发布经济目标和经济预测等信息，也不愿意发布历史上的政策信息和经济信息。三缄其口、保持沉默是他们的通行做法。当另外一位委员——当时著名的经济学家约翰·凯恩斯（John Keynes）问道"英格兰银行不向公众发布政策信息或解释政策原因是否会一直是一种惯例"时，哈维回答道："让我们的行为解释我们的政策，这就是我们的惯例。"哈维认为，对发布的政策进行解释，并不是央行的理智行为，并且有时候是一种危险的行为。当凯恩斯质问哈维如何为由于隐秘性受到的批评进行辩护时，哈维则直接表示，也许委员会并不认同，但是我们认为从来不需要为此进行辩护，因为这就如同一个女人证明自己的贞操一样可笑。这段对话一方面反映了苏格兰银行对于公众质疑的傲慢态度，另一方面也表现了英格兰银行坚持政策隐秘性的观点根深蒂固。

其实，不仅英格兰银行，当时世界上绝大多数央行均采取秘而不宣的货币政策。正如Brunner（1981）所指出的那样，央行被一种独特的和保护性的政治神秘感包围着，从央行处理货币政策事务和进行货币政策决策中采取的玄而又玄的方法中，我们就能感受到这种所谓的政治神秘感。这种神秘感使公众自然而然地认为，央行的货币政策操作是一门深奥的艺术，只有少数的精英才能掌握和驾驭这门艺术。货币政策操作艺术的深奥性决定了它不可能通过清晰易懂的词汇和语言表达出来，因此与央行的沟通也就无从谈起。Greider（1987）就曾经将美联储的货币政策风格描述为守口如瓶、神神秘秘和语焉不详。Hahn和Gers Bach（2001）就央行是否愿意向公众披露信息（如央行是否愿意公布货币政策委员的投票记录等）展开过一项调查研究。调查结果表明，无论是低效率的央行还是高效率的央行，它们都倾向于采取隐秘性的货币政策，央行对于提高货币政策透明度的态度是非常不情愿的。

对于一般公众而言，货币政策就像一个"黑匣子"一样，公众既不明白央行的政策意图，也不明白央行采取各种政策手段的目的和意义，更不明白货币政策的决策是如何产生的。货币当局认为"出其不意"的货币政策才会产生效果，而公众面对隐秘性的货币政策只能猜测和揣摩。一方追求出其不意，一方反复揣摩、猜测，货币当局和公众就像在进行一场猫捉老鼠的游戏。

　　至于为什么当时的货币当局不愿向公众披露信息，原因有很多，其中一个可以用理性预期理论来解释。理性预期理论发端于20世纪中期，该理论的先驱Muth（1961）首先提出了理性预期的思想，后来Lucas（1972）、Sargent和Wallace（1975）等在Muth研究的基础上不断完善，建立了理性预期理论。理性预期理论假定市场参与者的预期是理性的，他们能够基于历史经验和一切可能资料对未来做出最为理性的预测。基于理性预期理论，Lucas等提出"只有出其不意的货币政策才能发挥效果"。如果公众之前就熟知了货币当局的政治意图，他们就会采取相应的对策去抵消政策执行对他们带来的不利影响，这样势必会使货币政策大打折扣。基于这种理论和观点，20世纪90年代以前，各国央行普遍奉行隐秘性的货币政策，央行在实行政策的过程中基本不与公众进行交流和沟通。

　　由于公众具有理性预期能力，公布政策信息会使政策效果大打折扣，因此各国货币当局选择实行隐秘性的货币政策看起来是理所应当的。但是，先不考虑理性预期理论在现实世界能否完全成立，先来分析一下理性预期对于政策效果的影响：理性预期对于货币当局实现政策目标一定是不利的吗？其实有时候也不尽然。这里有一个故事可以证明这一点。公元前67年，当时罗马共和国经常遭受海盗的袭击，导致粮食产量的供应出现了问题，粮食价格不断攀升。为了打击海盗的猖獗行为，稳定粮食价格，罗马共和国当局发布命令征召大量年轻人加入格涅乌斯·庞培（Gnaeus Pompeius）领导的海军。罗马海军所向披靡，仅仅用了40天时间就将地中海地区的海盗消灭殆尽，海盗问题得到了彻底的解决。粮食供应又恢复了常态，粮食价格很快就回落到正常水平。在战争胜利一年后，罗马共和国的执政官马尔库斯·图利乌斯·西塞罗（Marcus Tullius Cicero）在他的执政演说中表示，打击海盗的目的是稳定粮食供应、平抑粮食价格。其实当局可以提前使粮食价格回落，不一定要等到把海盗消灭才行——只要在那次与海盗的战争前宣布对庞培的任命，就已经能够使得粮食价格下降。西塞罗认为仅仅宣布政府即将对海盗战争的主战官的任命就会使得粮食价格下降，背后隐含的就是理性预期理论。

政府宣布对主战官的任命表明了其对于打击海盗的态度和决心，并且政府军与海盗的实力相比具有绝对优势，作为具有理性预期能力的公众完全能够预测出这场实力悬殊的战争的最终结果：一旦海盗被击退，粮食的供应必然会增加，粮食价格必然会应声而降。理性预期理论在这个故事中对于政策实施起到了正面和积极的作用。所以，由此看来，理性预期理论对于实现货币政策目标也并不都是有害的。

货币当局不愿意向公众传达信息的另外一个解释是，货币当局会出于自身利益的需要而拒绝披露信息。关于这一点，也有一个非常有趣的例子。公元1860年，天主教主教沃尔彻斯特（Worchester）的夫人威尔伯福斯（Wilberforce）有一天看到了达尔文提出的进化论，她不禁惊声尖叫："原来我们是猩猩的后代，这真是太可怕了。但愿那不是真的，如果那真的是事实的话，让我们祈祷它不要被其他人知道。"在这个故事中，主教的妻子在接触到达尔文提出的进化论的时候，觉得进化论完全不可思议，因为这与天主教倡导的理念是完全背离的。在天主教的教义里，人类是由上帝创造的。这也是天主教的理论基础。如果这点受到怀疑，那么建立在这个宗教基础上的一切世俗机构和神职人员都将失去存在的意义和必要。出于维护自身利益的考虑，主教的妻子说出了第二句话："但愿那不是真的，如果那真的是事实的话，让我们祈祷它不要被其他人知道。"这实质上强调了当局会有目的地忽略对自己不利的消息，甚至当消息传播出去的时候，当局还会采取各种措施去抑制它的传播。

需要说明的是，在这个故事中，主教夫人只是希望刻意隐瞒事实，并没有对发布的信息进行扭曲。同样地，从货币当局的角度讲，无论如何都不应该为了隐藏真实意图而发布虚假信息，有意无意地引发市场的混乱。因为即使没有央行提供的这些有意或者无意的信息，市场也已经充满了不确定性和不稳定性，如果央行这时候再提供虚假信息，就会进一步增加市场的不稳定性。不稳定性越大，所带来的风险溢价水平就越高，为了平抑风险所付出的成本也就越高。所以，作为一个理性的货币当局，不发布虚假信息是其基本的准则。

虽然隐秘性的货币政策在20世纪八九十年代以前在世界各国非常盛行，

但是这种状况在20世纪末期出现了转变。进入20世纪末期，理论的发展和现实的需要使得各国央行在货币政策方面的透明度水平不断上升，各国央行隐秘性的政策风格逐渐发生转变——转而主动向公众披露信息。自从新西兰央行1989年开始实行通货膨胀目标制以来，包括加拿大、英格兰、瑞士、瑞典、以色列、日本和欧洲央行等在内的很多国家开始效仿这一制度，通过实行通货膨胀目标制来稳定物价。通货膨胀目标制是指央行设定一个具体的目标制或目标区间，并通过政策工具使通胀水平保持在目标值和目标区间内。通货膨胀目标制的实施使萦绕在央行头上的隐秘气氛逐渐消除，货币政策目标、货币政策操作、货币政策制定流程等逐渐进入公众视野，各国央行变得越来越开放和透明。央行不断通过加强与公众的交流和沟通，引导和稳定市场预期，提升货币政策效果。除此之外，世界性的金融机构还发布了对于提升货币政策透明度的指导意见。如国际货币基金组织在1996年和1997年颁布实施的数据公布特殊标准（Special Data Dissemination Standards，简称SDDS）和数据公布通用系统（General Data Dissemination System，简称GDDS），为各国的信息披露提供了标准。巴塞尔银行监管委员会1998年发布的《加强银行透明度的意见》为央行提高政策透明度提供了指导意见。这份意见不仅包括对于信息披露质量的建议，也包括对于信息披露内容、信息披露效应的分析（周海刚，1999）。国际货币基金组织于1999年正式颁布实施的《货币与金融政策透明度良好行为准则：原则宣言》[①]，也对信息披露提供了指导性原则。

在与公众的沟通和交流中，央行的货币政策透明度水平不断提升。同时央行对外沟通的方式也不断创新。除了常规的公告和报告外，央行又实行了新闻发布会等制度，通过各种机制加强与公众的沟通和交流，以此引导公众预期。放眼世界，包括全球主要发达国家、新兴市场经济国家和发展中国家在内的央行都在采取措施加强与公众的交流与沟通，提升政策的透明度水平。这也逐渐成为一种政策趋势。美国次贷危机发生后，提升政策透明度的趋势更加明显。2007年，美国次贷危机引发的金融危机席卷全球，尤其是对欧洲、

---

① 数据来源：国际货币基金组织网站（http://www.imf.org/external/np/mae/mft/code/index.htm）

日本等发达国家的经济体产生了严重的冲击。这场危机一直持续到2011年才宣告基本结束，但是经济危机的影响却远远没有消失。经济危机带来了宏观调控政策的变化，这种变化在货币政策方面的表现就是各国央行在应对经济危机时，摒弃了完全自由经济主义，开始运用货币政策加强对于宏观经济运行的干预。危机中和危机后货币政策调控表现出两个明显的特点：一是央行更加注重预期管理；二是央行更加注重对于资产负债表资产方的管理。在加强预期管理方面，央行通过提高货币政策透明度引导公众预期，在应对本轮经济危机中发挥了重要作用。提高政策透明度，加强与公众的交流与沟通，已经成为央行进行货币政策调控的一种手段（卜振兴，2015）。例如，2013年9月新任印度央行行长上任后，提出要增加货币政策透明度；韩国政府在2015年12月发布的2016年货币政策取向中，也专门提出要增强货币政策透明度，以此来提高货币政策效率。

对于我国而言，一方面我国对透明度建设越来越重视。2009年召开的中央经济工作会议，首次提出"管理通胀预期"，并将其作为政策宏观调控的重要任务之一。2010年时任国务院总理温家宝在政府工作报告中重申"管理好通货膨胀预期"。2013年李克强总理在经济形势座谈会上也提出在宏观调控方式中引入"预期管理"，并提出经济增长的上下限，在实践中运用预期管理的办法，向市场传递了清晰的信号。2014年9月5日，习近平总书记在庆祝全国人民代表大会成立60周年的讲话中强调，"我们要增强决策透明度和公众参与度，保证决策符合人民群众的利益和愿望"。2015年，习近平主席在访美和参加G20峰会时也多次强调要将中国的发展政策摊开，增强透明度。另一方面，在实践中我国也采取了很多措施提升货币政策透明度的水平。20世纪90年代后期，我国开始逐步提升政策透明度水平。自从2002年我国加入国际货币基金组织数据公布通用系统（GDDS）后，我国货币政策信息披露和透明度建设不断加快。2015年10月8日，中国宣布正式加入国际货币基金组织数据公布特殊标准（SDDS）。数据公布特殊标准是国际货币基金组织发布的一项数据披露标准，是另一套标准——数据公布通用系统（GDDS）的升级版。这项决议首先在统计学界引起了广泛和热烈的讨论，认为这将有助于进一步完善中国的统计体系，实现中国统计数据与国际标准体系的对接；对于提高数据的规范性和时效性，提升数据的可读性和可获得性都会产生积极的效果。国际货币基金组织第一副总裁戴维·利普顿（David Lipton）在中国加入数据公布特殊标准仪式上也表示，中国采用数据公布特殊标准表明了中国使用国际标准提高数据透明度的强烈意愿。正如利普顿所言，从加入数据公布通用系统到加入数据公布特殊标准，中国信息披露的标准在不断提高，信息披露的水平也在不断提升。2015年我国加入国际货币基金组织数据公布特殊标准，标志着我国的货币政策透明度建设迈出了关键的一步。随着我国加入该标准，提升货币政策透明度也受到了政府和学界越来越多的关注。

货币政策风格的转变有很多原因，这里面既有理论因素也有实践因素。货币政策风格的转变主要是基于以下原因：一是相关理论的发展为政策风格的转变提供了理论支撑。进入20世纪末期，随着预期理论尤其是适应性预期的提出，信息经济学和公共选择理论的不断发展，关于货币当局是否应该与公众进行沟通交流，出现了一些新的观点。货币当局加强与公众的沟通，提高政策透明度有助于提高政策执行的效率和效果具有了理论支撑；二是现代国家政治制度和国家治理结构的不断完善。近年来，国际社会的民主化进程不断加快，作为一个负责任的政府，有责任和义务向公众表明其政策立场。正如Deane和Pringle（1993）所说，在一个开放的民主社会里面，公众有权要求获取关于货币当局做了哪些决策以及他们如何达成决策的信息。透明度俨然已经成为央行作为负责任货币当局的一个先决条件，货币政策透明度已经成为央行有效治理的三大支柱①之一（Amtenbrink，2005）。另外为了获得民众的支持和认可，政府也愿意主动向公众表明其政策立场，以获取民众更大的支持；三是实际发展的需要，尤其是20世纪80年代石油危机爆发导致的经济滞涨、1998年泰国金融危机引发的亚洲经济危机和2008年由美国次贷危机引发的全球性危机等。在20世纪80年代的滞涨时期，央行发现隐秘性的货币政策不能有效地解决滞涨问题。通过与公众的沟通和交流，让公众清楚地知道货币当局的政策意图反而能很好地应对滞涨问题。亚洲金融危机期间，央行

---

① 央行有效治理的三大支柱是独立性、问责制和透明度。

发现通过政策沟通能更好地引导公众预期、稳定市场情绪。2008年爆发的全球性经济危机席卷欧、美、日等国家，并对新兴市场经济体甚至全球经济都产生了冲击。这场经济危机不仅重创了各国经济，同时也对各国的宏观政策模式产生了深远影响。在货币政策方面的表现就是新的货币政策目标、货币政策工具以及机构和组织安排等方面的调整和变化。在政策工具类方面，政策沟通类工具被更加广泛地应用于政策调节。高通胀目标区、利率走廊、前瞻指引和路径依赖等工具的大量运用，有效地应对了零利率下限问题，并在经济危机结束后仍被各国央行普遍使用，各国央行的政策透明度水平因此进一步提高；四是现代通信技术的不断发展和进步。进入21世纪，信息技术的发展使得信息沟通的速度、范围和数量急剧上升，在信息传播方面已经基本上不存在技术上的瓶颈和障碍。当今社会，任何一个机构，不论是公立的还是私立的，央行还是体育俱乐部，都已经离不开信息的传播和交流。

总而言之，货币政策风格近年来出现了明显的变化，这种转变的产生有其深刻的理论基础和实践基础。随着各国央行不断加强与公众的沟通和交流，提高透明度水平已经成为一种趋势。在这种趋势下，货币政策透明度问题受到了广泛的关注。

二、研究意义

从20世纪初至今，100多年过去了，货币当局的政策风格出现了明显的转变，目前包括发达市场经济体、新兴市场经济体和发展中经济体在内的很多国家都在提升货币政策透明度。提高政策透明度，加强与公众的交流与沟通，已经成为央行进行货币政策调控的一种趋势。现实的发展必然催生理论的需要，在各国央行提升货币政策透明度的过程中，产生了以下疑问：一是为什么各国转而采取较为透明的货币政策，采取透明性货币政策的理论基础和实践基础在哪里；二是货币政策是否越透明越好，提升货币政策透明度的利弊有哪些；三是我国货币政策透明度状况如何，政策开放过程中又存在哪些问题；四是影响货币政策透明度的因素有哪些，它们对于货币政策透明度水平产生什么影响；五是提高货币政策透明度对政策有效性的影响有多大，能否得到理论论证和实证检验的支撑。

在各国不断提升政策透明度，加强与公众沟通和交流的背景下，回答这些问题，不但有助于解释货币政策透明度提升的原因，分析货币政策透明度的效应，同时也有助于指导货币政策的实践，因此具有非常重要的理论意义和实践意义。

首先，本书介绍了提高货币政策透明度的选题背景和研究意义。

其次，分析了提高货币政策透明度的理论基础和实践基础，阐述了中央银行从隐秘性货币政策向透明性货币政策转变的原因以及提升货币政策透明度的优缺点。

再次，具体到中国货币政策透明度的分析。对中国货币政策透明度状况进行了评价，分析了我国货币政策透明度发展的现状以及存在的问题。探讨了影响货币政策透明度的因素，尤其是经济因素对于货币政策透明度的影响。同时分析了提高货币政策透明度对于货币政策有效性的影响，如对于宏观经济波动等的影响。通过对货币政策透明度的评价、影响因素的分析以及政策有效性的判断，更加有针对性地对我国货币政策透明度情况进行了研究。

最后，本书对以上研究进行了总结，并提出了加强我国货币政策透明度建设的意见。

第二节　研究内容与框架

本节将阐述本书的研究内容、研究结构和研究方法，在描述研究结构时，编制了结构框架图，将各章之间的关系进行了清晰的说明和展示。

一、研究内容

本书的研究内容主要包括研究的目的与意义，国内外关于货币政策透明度问题研究的回顾与梳理，提升货币政策透明度的理论与实践基础，提升货币政策透明度的利弊分析，我国货币政策透明度水平的评价，影响货币政透明度的因素分析以及提高货币政策透明度对于货币政策有效性的影响，最后是本书的研究结论和政策建议。

二、研究结构

本书的研究具有非常重要的理论意义与实践意义，为了使文章的论述条理更加清晰，本小节对文章的脉络进行了梳理。本书拟分为八章，各章的内容和安排如下。

第一章为绪论。本章主要介绍了文章选题的背景和意义，对文章中涉及的概念进行了界定，介绍了文章的内容与框架结构，同时阐述了文章可能的创新点和不足之处。

第二章是文献回顾。本章主要回顾了国内外关于货币政策透明度的相关研究，主要涵盖以下几部分内容：一是关于货币政策透明度定义方面的相关研究；二是关于货币政策透明度评价方面的相关研究；三是关于影响货币政策透明度因素的相关研究；四是关于货币政策透明度政策效果的相关研究。

第三章介绍货币政策透明度的理论基础和实践基础。本章主要介绍货币政策风格的转变以及透明度水平不断提升的理论基础和实践基础。

第四章对货币政策透明度提升的利弊进行了分析。本章主要分析了货币政策透明度的提升对于宏观经济和货币政策的积极影响和消极影响。

第五章对我国货币政策透明度水平进行了评价。基于我国的实际，构建了一套评价透明度的指标体系，并将其与动态指数法相结合，对我国货币政策透明度情况进行了评价。

第六章研究影响我国货币政策透明度的主要因素。重点分析了开放度、经济增长、历史通胀、金融深化等经济因素对于货币政策透明度的影响。

第七章对货币政策透明度的效应进行了分析。主要分析了货币政策透明度对于宏观经济波动的影响。

第八章为结论与建议。

本书的结构框架如图1-1所示。

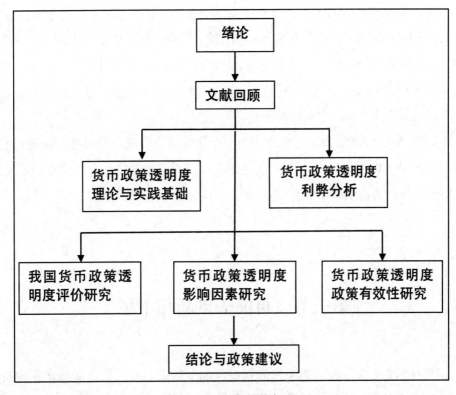

图1-1 本书结构框架

三、研究方法

本书在研究中涉及的方法主要包括以下几种方法。

文献分析法。本书拟运用文献梳理的方法对国内外相关的研究进行回顾梳理，在此基础上把握研究的脉络和方向，并提出本研究可能的创新点、重点与难点。

指标体系法。该方法用于在评价信息披露透明度中分析我国货币当局信息披露的状况和程度。通过设计指标体系、打分、权重加总等，得出我国信息披露方面的透明度演变趋势。

事件分析法。该方法主要用于评价货币政策市场反应方面的透明度状况。通过建立基准利率，选取事件日，对我国市场反应方面的透明度进行评价，分析我国货币政策市场反应方面的透明度情况，为后续的研究提供必要的基础。

有向无环图（DAG）法。该方法主要用于分析变量之间的当期因果关系。本书运用有向无环图，主要为SVAR模型建立结构化的约束条件，使得以往单纯依靠经验判断的结构关系转变为具有严密理论基础的结构化模型。

SVAR模型法。该方法主要用于对影响透明度的因素进行分析，重点研究经济因素对于货币政策透明度的影响。

TVP-SV-VAR模型法。该方法主要用于分析货币政策透明度效果对于宏观经济波动的时变影响，可以清晰地刻画出货币政策透明度随时间变化产生的对于宏观经济波动的不同影响。

第三节　可能的创新与不足

国内外关于货币政策透明度问题研究的文献有很多，从透明度水平评价到各国经验研究，从影响因素分析到政策有效性研究，在这么多已有研究的基础上开拓新的研究视角并不是一件容易的事情，但是本书还是争取能运用崭新的方法和视角对这个问题提出新的观点和看法。相较于以往的研究，本书可能的创新和不足之处表现在以下方面。

一、可能的创新

第一，在货币政策透明度评价方面。目前货币政策透明度的评价方法还无法有效地解决单纯强调信息披露透明度或单纯强调市场反应透明度带来的弊端。与以往研究相比，本书的不同之处表现在以下方面：将指标体系方法的信息披露评价与动态指数方法的市场反应评价相结合，建立了货币政策透明度的综合评价指数，有效地解决了现有研究的缺陷。在指标体系评价方面，本书首先构建了指标体系原则，并在参考已有研究和中国实际的基础上，建立了一套完整的货币政策透明度评价体系，运用建立的指标体系对我国的货币政策透明度状况进行了评价。该方法将主观评价与客观评价相结合，同时考虑了指标权重的问题，使得指标体系评价更加科学。在动态指数评价方面，一是事件日的选取充分考虑到了所有对基准利率有重要影响的事件；二是利率选取方面，充分论述了基准利率和市场利率选取的标准，使指标选取更具有说服性；三是研究区间涵盖2000—2014年，充分刻画了21世纪以来我国货币政策透明度的演变历程，为后续研究提供了重要的参考资料。

第二，在货币政策透明度影响因素方面。国内外关于货币政策透明度影响因素的研究还较为缺乏，目前国内的研究还仅仅停留在理论阐述阶段。与以往研究相比，本书的创新之处在于：一是从一个崭新的角度研究了我国货币政策透明度问题；二是运用目前较为先进的有向无环图方法研究变量之间的当期因果关系；三是在DAG模型的基础上构建结构向量方程，并运用SVAR模型分析货币政策透明度的影响因素。本书是目前国内首次对货币政策透明度影响因素进行的定量研究，也是国内外第一次运用DAG和SVAR模型相结合的方法进行的定量研究。

第三，目前国内外运用综合指数研究透明度效应的文献还较少，同时随着计量工具的不断发展，新的计量工具也可以对这种透明度的效应进行更加细致和准确的刻画。本书拟将理论推导和实证检验相结合，在实证方面基于TVP-SV-VAR模型，利用我国2000—2014年的季度数据检验货币政策透明度对宏观经济综合波动的影响。与以往研究相比，本书不同之处主要表现在以下方面：第一，指标选取方面，一是将信息披露和市场反应相结合，构建了货币政策透明度指数；二是利用损失函数将产出波动和通胀波动相结合，构建了宏观波动指数，指标选取更加合理；第二，采用了包含时变参数性质的TVP-SV-VAR模型进行分析，使得检验结果更具有可信性；第三，将理论推导与实证检验相结合，使研究结论更具有说服力。

二、未来可供研究之处

本书在已有研究的基础上，对货币政策透明度的研究提出了一些新的设想和看法，但是由于个人学术能力有限，研究的深度与广度还有待进一步提升。对于后续研究，本书提出以下建议：

一是本书在实证研究方面主要是以我国的样本数据为例。在后续研究中可以考虑运用面板数据对货币政策透明度问题进行研究。这样会增加样本量，提升估计结果的稳健性。

二是目前关于货币政策透明度影响因素方面的研究并不多见，本书的研究也主要是参考了以往研究中指标选取的经验做法，没有给出严密的理论推导。在后续研究中可以考虑将理论分析与实证检验相结合，提高论证的说服力。

三是本书在透明度评价方面借鉴目前比较成熟的E-G指数方法对我国信息披露的透明度进行了评价，但是这种方法易受指标选取的影响。因此后续研究应在现有研究的基础上对指标体系不断完善，使其不但与国际通行的评价体系保持一致，同时也能充分反映我国货币政策透明度建设的实际。

第二章　文献回顾

　　20世纪90年代以前，各国央行普遍奉行的是隐秘性的货币政策，央行在政策制定和实施过程中基本不与公众进行交流和沟通。但是这种观点逐渐在20世纪90年代为很多国家的央行所抛弃。它们发现通过加强与公众的沟通，可以引导公众预期与政策目标保持一致，从而有助于货币政策目标的实现。因此，自20世纪90年代以来，包括新西兰、加拿大、英国、瑞典等国在内的很多国家的央行开始不断提高货币政策透明度。2008年由美国次贷危机引发的全球性经济危机使得提高货币政策透明度、加强预期管理成为很多国家的央行应对"零利率下限"的有效措施。经过近年来的不断发展，提高货币政策透明度、加强预期管理已经成为一种政策趋势。相应地，在理论研究方面，国内外学者也展开了广泛的研究，积累了大量的文献。那么，国内外关于货币政策透明度研究的文献有哪些，出现了哪些争议和共识。在货币政策不断出现新的调整和变化的背景下，回答上述问题，不仅具有理论意义，也具有现实意义。本书拟通过对现有文献的梳理，分析货币政策透明度问题研究的现状和进展，并为后续的研究提供建议。

　　本书主要是探讨货币政策透明度问题，因此相关的文献回顾主要从这方面展开。关于货币政策透明度的研究开始于20世纪80年代。关于货币政策透明度的开创性研究是建立在Barro-Gordon（1983）提出的模型基础之上的，该模型首次提出通过对未来货币政策的预期确定现有的工资水平。之后比较具有代表性的是Goodfriend（1986）、Cukierman和Meltzer（1986）等的研究。随着提升货币政策透明度逐渐成为一种趋势，学术界也展开了大量的研究。这些研究中既包括对于货币政策透明度定义的研究（IMF，1999[①]；Blinder，2004），也包括对于货币政策透明度的度量（Bini-Smaghi和Gros，2001；Eijffinger和Geraats，2006）；既有对货币政策透明度理论和实践基础的分析（Schaling和Nolan，1998；Fry等，2001），也有对货币政策透明度实践操作的分析（Poole，2003；Heinemann和Ullrich，2005）。除此之外，还有大量的文献研究货币政策透明度的政策效果（Chadha和Nolan，2001；Faver和Rovelli，2003），认为货币政策透明度在引导公众预期、稳定市场方面发挥着重要作用。

国内关于货币政策透明度的研究开展得相对晚一些，如魏永芬（2004）首先依据国际货币基金组织对于政策透明度的定义，对货币政策进行了阐述。然后重点分析了货币政策透明度的理论基础，包括理性预期理论、公共选择理论、动态不一致性和信息经济学理论等。之后论述了提高货币政策透明度的成本与收益，并对我国货币政策透明度的实践进行了论述。

第一节　透明度的定义

一、货币政策透明度的定义

从学者开始对货币政策透明度问题进行研究到目前为止，已经三十余年。这方面的研究既包括货币政策透明度的定义研究、理论基础和实践基础分析和透明度的利弊分析，也包括透明度的测度、影响因素分析和政策有效性分析。货币政策透明度的定义属于这些研究中开展得最早的。根据透明度定义强调的重点不同，可以把透明度概念的研究分为以下三类。

---

① IMF Code of Good Practices on Transparency in Monetary and Financial Policies

（一）第一类强调货币当局对于公众的信息披露

Dillén和Nilsson（1998）将货币政策透明度定义为向公众表达货币当局意图的工具，央行通过公开的预测、各种公告等向公众解释各种复杂的货币政策之间的联系，并以此增强央行信誉度。Morris和Shin（2002）认为，在一定的社会背景下，过多的信息也许是有害的。因为公共信息会挤出私人信息，最终将会导致福利的损失，尤其是模糊信息对社会福利造成的损失更大。因此，他们将货币政策透明度定义为货币当局公布精确信息的程度。Blinder（2008）将央行的政策沟通定义为央行向公众提供关于货币政策目标、货币政策策略、经济展望和货币政策决定展望等相关信息的行为。

谢平和程均丽（2005）认为，由于货币当局政策目标偏好的不确定性和掌握信息方面的优势，决定了公众与货币当局之间掌握的信息是不对称的。因此，货币政策透明度是指货币政策公开的程度，尤其是与货币政策决策相关的决议和政策解释的公开程度。提高政策透明度有利于消除信息的不对称性。狭义的透明度是指中央银行公开信息的数量和准确性，广义的透明度在政策披露的完整性基础上还强调政策沟通的质量，如准确、及时、易懂、真实等。赵锴（2007）认为，货币政策透明度就是货币当局就政策目标、经济信息、决策过程等信息向公众传达和交流的程度，主要包括决策的目标、过程和信息三部分内容。

（二）第二类强调公众对于央行发布信息的理解

Geraats（2002）从信息经济学的角度出发，将政策透明度定义为政策双方实现信息对称的过程。缺乏透明度就是指信息没有对称，信息不对称就会产生不确定性。但是他也认为透明度不等于完全信息或完美信息，比如在货币政策中，货币当局和私人部门同时面对着不确定的经济结构，但是只要双方掌握相同的信息，并且双方也意识到了这一点，那么对于双方而言，政策就是透明的。这个定义强调了公众对于信息的实际理解和把握，而不是信息的披露。如果公众不能从披露的信息中获取有用的内容，理解货币当局的实际意图，那么即使公众获得了大量信息，也并不一定能实现政策透明。De Haan和Amtenbrink（2002）将货币政策透明度定义为公众接收和理解货币政策过程和决议的程度，并将货币当局促使公众理解货币政策的行为定义为信息披露。

（三）第三类既强调央行的信息发布，也强调公众对于信息的理解

1997年爆发的亚洲金融危机，一直持续到1999年才基本结束。国际货币基金组织认为除了亚洲国家本身经济体制、国外游资炒作投机等因素外，亚洲国家货币政策的不透明也是造成这次危机的主要原因。为了提高国际货币基金组织成员的货币政策透明度，国际货币基金组织在亚洲经济危机爆发后的第二年即1998年，开始着手制定《货币与金融政策透明度良好行为准则：原则宣言》（*IMF Code of Good Practices on Transparency in Monetary and Financial Policies*），并于1999年获得了理事会的通过，正式颁布实施[①]。在宣言中国际货币基金组织对透明度的定义是"公众能够简单易懂、方便快捷、及时准确地获取货币当局关于政策目标、货币政策法律框架、货币政策制度框架、货币政策经济框架，货币政策决策、与货币政策相关的基本模型、基本数据、基本信息以及机构责任条款等方面的信息"。这一准则涉及的相关方为公众和货币当局，包含从货币政策制定、货币政策公布到公众清晰、准确、及时地理解这几个流程。实质上传达了以下意思：一是货币当局不仅应该公布货币政策目标，让公众明白政策意图，也应该公布决策过程和政策原理等相关信息；二是公众能够准确、清楚、及时地获取相关信息，不存在沟通上的障碍和时滞。这个定义强调了货币当局与公众之间的交流与互动。Winkler（2000）认为，传统观点将货币政策透明度定义为央行向公众披露准确信息数量和程度的观点是不全面的，因为这个定义没有涉及央行向公众披露信息的方式，而这种方式恰恰决定了公众能否更好地接收和理解央行传递的信息。如果忽略了这一点，央行传递的信息越多并不代表着透明度水平就会越高。鉴于这一点，Winkler扩展了货币政策透明度的定义，将货币政策透明度定义为公众理解货币政策过程和货币政策决策的程度。真正的货币政策透明需要满足以下条件：公开、清晰、共识和可靠。其中公开既包括货币当局向公众披露信息的数量和程度，也包括公众对于信息的理解。为了充分实现这一点，对信息进行加工、重组、提炼和简化是非常有必要的，这将提高信息的可识

---

① 数据来源：国际货币基金组织网站（http://www.imf.org/external/np/mae/mft/code/index.htm）

别度；清晰指的是对信息描述和解释的准确程度，这需要根据决策对象和决策内容对信息进行过滤；共识是指信息的接收方和发送方对于传递的信息具有相同的解读。共识既是实现成功沟通的先决条件，也是达到真正透明的最终目的；可靠是指央行内部推理和分析的框架在对外界进行交流时所做调整的程度，即为了外部沟通的需要对内部沟通信息进行调整的程度。Blinder（2004）认为，从政治学角度讲，透明度可以保证央行的权力能够受到立法机关的监督；从经济学角度讲，透明度可以提高政策的效率。他对货币政策透明度的定义包含两部分内容，一方面是央行能够及时地公布关于货币政策目标、政策分析方法、政策决策模型、政策决议、投票情况以及应对风险的操作等信息，另一方面是保证披露的信息清晰易懂、具有实质内容、真实可信，并且能够接受监督。

国内方面，牛筱颖（2005）认为，货币政策透明度包含两层意思：一是央行公开的能对公众预期和决策起引导作用的相关信息的程度；二是央行决策受到公众监督的程度，主要包括政策目标透明、决策过程透明和经济信息透明三部分。刁节文和贾德奎（2006）认为，货币政策透明度是货币当局与公众之间就非对称信息沟通交流的程度，它包含两层含义，即货币当局向公众披露的信息程度和公众对于货币当局已公布信息的理解程度。这个定义不但强调了货币当局的信息披露，也强调了公众对于货币政策的理解。魏永芬（2011）对货币政策透明度的定义如下：货币政策透明度是指货币当局公布货币政策信息和公众对于披露信息的理解程度。其中货币政策信息的披露程度不但包括信息量的大小，还包括信息的准确程度。披露的信息应满足公开、清晰、诚实与共同理解等要求。而公众对于信息的理解程度要求披露的信息满足及时、充分、易于理解等要求。提高政策透明度有助于消除货币当局与公众之间的信息不对称性，有助于货币当局实现其政策意图。

从上面的定义可以发现：第一、第二类定义体现的是货币当局与公众之间的单项沟通，第三类定义充分体现了货币当局与公众之间的双向互动。通过对货币政策透明度定义的回顾，笔者认为，对公众而言，货币政策透明度就意味着他们能及时、准确地获取和理解央行关于货币政策决议、货币政策决策、经济形势与预测等信息的程度，它应当体现货币当局与公众之间的双向互动。

二、货币政策透明度的组成

关于货币政策透明度应该包含哪些内容，国内外的学者也展开了讨论。Kuttner和Posen（2000）认为，货币政策透明度应该包含以下内容：一个可量化的长期货币政策目标（政策目标透明）；描述经济模式的通货膨胀报告或者类似的报告，描述货币政策变更和更新的可能影响的评估报告（政策决策透明）；对于目标变量的预测，包括预测采用的假定和模型等的详细说明（经济信息透明）；对于货币政策措施的事后评估（政策操作透明）。Hughes和Viegi（2001）认为，之所以对政策透明度的内容进行区分和归类，主要是由于不同的政策透明度会产生不同的经济后果和不同的经济行为。他们将货币政策透明度分为政治透明度和经济透明度。其中政治透明度要求货币当局不仅要能清晰地区分政策目标之间的优先顺序，同时要能权衡出主要目标和其他目标之间的边际替代关系；经济透明度要求货币当局能够清晰地解释他们的外部信息、目标制和误差控制。Geraats（2002）将货币政策透明度分为政治透明、经济透明、程序透明、政策透明和操作透明五个部分。其中政治透明是指货币当局公开能够阐明货币政策制定者动机的政策目标和机构安排等信息，包括明确的通货膨胀目标、机构独立性和政策目标承诺；经济透明是指公开用于货币政策决策的相关信息，包括经济数据、经济模型和对经济形势的预测以及政策工具对于经济可能产生的影响；程序透明是指公开货币政策的决策方式，包括公开货币政策策略、货币政策决策的详细清单，尤其是公开会议记录和投票记录等信息；政策透明是指对货币政策的公告、解释以及对未来货币政策走势的提示；操作透明是指央行公开与货币政策执行的相关信息，包括操作工具的误差以及宏观经济传导的冲击（非预期的经济冲击）等。Hahn（2002）在Geraats的研究基础上，对其进行了合并，将货币政策透明度分为三类，即目标透明度、知识透明度和操作透明度。其中目标透明度为公开货币政策目标；知识透明度为公开货币政策相关的经济信息；操作透明度为公开货币政策操作的工具和中间目标。Ferguson（2002）将货币政策透明度定义为中央银行对货币政策决策及其决策原理的公开声明，包含四部分内容，分别为货币政策目标、货币政策决议、经济分析（包括通货膨胀和经济增长的预测）和货币决策过程。Demertzis和Hallet（2003）将货币政策透明度分为政治透明度和经济透明度。其中政治透明度是指货币当局披露有关政策目标和政策目标偏好的信息，而经济透明度是指货币当局披露有关经济环境和条件、经济冲击和目标制等的信息。Carpenter（2004）认为Geraats（2002）关于货币政策透明度的分类方法区分了不同领域的货币政策透明度状况，但是对于类别的区分过细，考虑到不同领域透明度分类的可替代性，Carpenter将货币政策透明度分为工具透明（侧重于货币当局在经济调控中所使用的政策工具信息）、目标透明（侧重于货币当局发布的政策目标信息）和操作透明（侧重于货币当局政策决策的相关信息）。

国内方面，程均丽（2008）根据信息经济学和已有货币政策的研究框架，将货币政策透明度分为目标透明度、知识透明度和决策透明度。其中目标透明度包括通胀目标透明、产出目标透明、政策偏好透明和工资变动透明；知识透明度包括经济模型透明、经济数据透明、经济预测透明和货币流通速度透明；决策透明度包括公开投票记录、会议纪要、外汇市场信息、短期利率目标和货币控制误差等。魏永芬（2011）认为，货币政策透明度应该包括目标透明（政策目标、目标偏好）、经济信息透明（经济金融数据、经济模型、经济预测）、决策透明（投票记录、会议纪要）和操作透明（公告操作目标利率、外汇市场干预、控制误差）。其中目标透明是指货币当局向公众明确其政策目标和目标偏好的程度；经济信息透明主要是指央行向公众披露有关经济运行信息的程度；决策透明是指货币当局向公众公开货币决策过程及结果的程度；操作透明是指货币当局向公众披露中间目标、操作工具、误差控制等相关信息的程度。

国内外学者关于货币政策透明度的分类汇总，具体情况见表2-1。

表2-1　国内外学者关于货币政策透明度的分类汇总

研究者	时间（年）	分类
Hughes 和 Viegi	2001	政治透明度和经济透明度
Geraats	2002	政治透明、经济透明、程序透明、政策透明和操作透明

研究者	时间（年）	分类
Hahn	2002	目标透明度、知识透明度和操作透明度
Ferguson	2002	货币政策目标、货币政策决议、经济分析和货币决策过程
Demertzis 和 Hallet	2003	政治透明度和经济透明度
Carpenter	2004	工具透明、目标透明和操作透明
程均丽	2008	目标透明度、知识透明度和决策透明度
魏永芬	2011	目标透明、经济信息透明、决策透明和操作透明

通过对以上信息的分析，可以认为货币政策透明度有狭义和广义的区分。狭义的货币政策透明度是指货币当局向公众披露的有关政策目标、目标偏好、政策工具、经济信息、经济预测等信息的及时、准确程度。广义的货币政策透明度则在货币当局披露的政策信息的基础上强调公众对于已披露货币政策信息的理解程度。从货币政策的分类上讲，可以将货币政策透明度分为政治透明（目标透明）、经济透明、操作透明和程序透明。

三、沟通与透明度

除了以上的定义和分类，还需要对一组概念进行界定，即沟通与透明度。在货币政策概念里，沟通指的是央行与公众之间信息的交流与传递，以求消除双方信息的不对称性。

而透明度最早是一个物理学领域的定义，用于定义光学。"透明"一词的基本含义是指物质透过光线的情况。透明度指的是透光的程度，后来又逐渐引申到其他方面，如大气透明度（光线在大气传播中透过光的程度，即穿透大气媒介的光线量占发出光线量的比率）、水体透明度（水能使光线透过的程度）等。从物理学的定义来看，可以发现透明度主要由两方面决定，即发出光线的量和透过光线的量。在经济学上，透明度指的是信息的公开和公众对于信息的理解程度。所以信息透明度也由两方面决定，即央行的信息披露和公众对于信息的反应和理解程度。

从沟通与透明度的定义上可以发现两者的区别与联系。首先，央行沟通不等于政策透明度。中央银行沟通体现的是行为，而透明度体现的是结果；其次，两者之间又有非常紧密的联系，在公众具有理性预期、沟通策略简单易懂等条件下，中央银行沟通可以提升政策的透明度。因此从这个意义上讲，沟通可以视为提高政策透明度的一种手段，而透明度是央行进行沟通的结果。

第二节 透明度的评价研究

国内外关于货币政策透明度的评价研究有很多，积累了丰富的研究成果。根据理论基础和研究方法的差异，可以将货币政策透明度的评价方法分为以下几种。

一、调查问卷法

国外关于货币政策透明度的评价研究开始于20世纪90年代末期，调查问卷法是早期比较有代表性的方法。调查问卷方法是指根据货币政策透明度的定义、内涵和分类，设计相关的问题，通过向各个国家的中央银行发放调查问卷的方式，获取不同国家货币政策透明度的状况。Fry等于1998年开展的对全球94个国家的央行的问卷调查是非常具有代表性的研究。问卷的设计以国际货币基金组织发布的《货币与金融政策透明度良好行为准则：原则宣言 》（*IMF Code of Good Practices on Transparency in Monetary and Financial Policies*）为基础，作为调查对象的94个国家，不仅包括以美国、德国、加拿大、澳大利亚等为代表的工业化国家和以俄罗斯、乌克兰、波兰等为代表的转轨制国家，还包括以马来西亚、墨西哥、南非等为代表的发展中国家。Fry

等（2000）将问卷调查中与货币政策透明度相关的问题进行打分和汇总整理，以此作为对各国货币政策透明度情况的评价。调查结果显示，瑞典和美国央行以95%的得分排名并列第一位，英国央行以94%的得分排名第三，新西兰央行以92%的得分排名第四，德国和南非央行以70%的得分排名第25名。这表明各国的政策透明度存在明显的差异，其中美国、西欧等发达国家透明度水平高于其他国家。

1999年，国际货币基金组织以《货币与金融政策透明度良好行为准则：原则宣言》构建的指标体系为基础，对178个国际货币基金组织成员中的160家央行和159家具有监管职权的政府机构的透明度实践情况进行了一项问卷调查，最终收到了135个国家的响应。Sundararajan等（2003）以135个国际货币基金组织成员国的调查问卷为基础，分析了这些国家的货币政策透明度状况。调查结果表明，透明度水平从高到低依次为发达国家、转轨经济国家和发展中国家。这个结果与Fry等的研究结论是基本一致的。2002年，Siklos也采用大致同样的方法，对英国、美国、加拿大、新西兰、芬兰、荷兰、瑞士、瑞典等20个经济合作与发展组织（OECD）国家20世纪90年代的货币政策透明度情况进行了分析。

目前国外采用调查问卷进行货币政策透明度评价的研究非常少，而国内还没有人采用调查问卷的方法做过这方面的研究。究其原因，主要是因为调查问卷方法需要各个央行的密切配合，工作量非常大，很难重复和大规模地展开。同时，由于调查问卷主要集中于央行在政策解释方面采取的措施，缺乏对决策过程解释的考察，并且问卷调查主要是由央行自行打分，评价的客观性往往受到质疑。因此，其运用受到了一定的限制。虽然如此，Fry等开创的调查问卷方法对定量分析各国央行的货币政策透明度依然提供了重要借鉴，其在调查问卷中设计的问题也为后续的评价研究提供了有益的参考。因此调查问卷方法在央行透明度的评价中具有重要意义。

二、指标体系法

指标体系方法是指根据货币政策透明度的定义建立若干评价指标，按照每一个央行的具体表现对每项指标进行打分并加总，测算出货币政策透明度的得分，得分越高，货币政策透明度水平就越高。

运用指标体系方法进行评价开始于21世纪初，早期如Bini-Smaghi和Gros（2001）建立了目标、策略、数据和预测以及沟通渠道等4个一级指标体系和15个二级指标体系，对欧洲央行、美联储、日本央行、英格兰银行和德国联邦银行等六个国家和地区的央行进行了透明度的评价。研究结果表明，英格兰银行的透明度水平最高（20分），德国联邦银行的透明度水平最低（13分），欧洲央行在透明度方面还有待提升（19分）。他们的评价主要分析了信息披露的媒介，对于信息披露的内容没有过多涉及。De Haan和Amtenbrink（2002）也建立了指标体系，对欧洲央行、新西兰储备银行、加拿大央行、美联储、英格兰银行和德国联邦银行的透明度状况进行了评价。研究表明，新西兰储备银行和加拿大央行以19分的得分排名第一，透明度水平最高；其次为英格兰银行（18分）。他们在研究中对某些指标的得分在0～1分之间取值，某些指标在0～2分之间取值，体现了指标的差异性，在一定程度上弥补了E-G指数简单相加忽略指标权重的缺陷。Wyplosz等（2003）对实行通货膨胀目标制的澳大利亚、加拿大、巴西、智利、韩国、墨西哥等20个国家的通货膨胀信息披露情况进行了评价，但是由于对政策沟通评价的标准仅限于通货膨胀报告，因此，对于货币政策透明度的评价并不全面。

在指标体系法中最有代表性的是Eijffinger和Geraats（2002）建立的指标体系评价方法，也称为E-G指数方法。在Eijffinger和Geraats建立的关于央行货币政策透明度的指标体系中，一级指标体系包括政治透明度（政策目标公开情况）、经济透明度（经济信息披露情况）、过程透明度（决策过程相关细节披露程度）、政策透明度（时效性、解读和预判）和操作透明度（政策执行情况），在每个一级指标下面还有3个二级指标，每个指标得分为0、1分或0、0.5和1分，将每个央行的透明度指标得分相加就是央行透明度的最后得分。他们的研究集中于信息披露的内容，涵盖了政策制定过程中的每个阶段和政策沟通的所有方面，研究较为全面。运用已经建立的指标体系，Eijffinger和Geraats对澳大利亚、加拿大、欧盟、日本、新西兰、瑞典、瑞士、英国、美国等国家和地区的央行1998—2002年的透明度情况进行了评价。评价结果显示，澳大利亚联邦储备银行、瑞士央行和日本央行的货币政策透明度最低，新西兰储备银行（13.5分）、瑞典央行（13分）、英格兰银行（12.5分）的透明度水平较高，并且在样本期内，各国央行的透明度水平都出现了不同程度的提升。

很多学者都以E-G指数方法为基础，对央行的货币政策透明度进行评价。如Crowe和Meade（2008）运用E-G指标体系的方法，对1998—2006年全球37家央行的货币政策透明度水平进行了评价。结果表明，发达国家货币政策透明度水平提升较为显著，而新兴市场经济体国家透明度的提升并不明显。Dincer和Eichengreen（2014）运用E-G指数方法建立的指标体系，评价了120个国家1998—2010年的货币政策透明度状况。研究表明，包括发达国家、新兴市场经济体国家和发展中国家在内，样本期内货币政策透明度平均水平都在稳步增加。人均资本、金融深化和开放度是影响透明度的主要因素，而金融危机对于货币政策透明度的影响并不显著。

由于E-G指数方法在国外运用得较为成熟，因此在国内的研究中，很多学者也直接借用E-G指标体系测算我国的货币政策透明度状况。如魏永芬（2011）以E-G指标体系为基础，测算了中国人民银行1994—2007年的货币政策透明度状况。研究结果表明，样本期内我国的货币政策透明度水平有了很大的提升，但是与发达国家央行如美联储、英格兰银行、欧洲央行、加拿大央行、新西兰储备银行相比差距仍然很大。虽然魏永芬所用的指标体系与E-G指数一样，但是测算结果有所不同。这主要是由于国内学者在指标打分上与国外学者存在差异。

肖崎（2006）在肯定E-G指数方法的优点的同时，也指出该方法存在缺乏指标权重、缺乏准确性和不能反映国别差异等缺点。为了提高指标体系方法的科学性，他认为一方面在建立指标体系上应该与国际现行的指标体系保持基本一致，但是也应该考虑到国别和地区的差异，并对E-G指标体系进行适当的调整。国内的很多学者在后续的研究中，都采纳了这一建议。在E-G指标体系的基础上，对其进行调整和完善，利用修正的指标体系对我国货币政策透明度状况进行评价。如尹宝亮（2007）借鉴了E-G指数的指标评价体系，建立了一套适用于评价我国货币政策透明度的指标体系。该体系包括目标透明度、操作透明度和知识透明度等3个一级指标，并在其下建立了8个二级指标。运用建立的指标体系,尹宝亮对我国1985—2002年的货币政策透明度状况进行了评价。评价结果表明,我国的货币政策透明度水平虽然有了明显的提高,但是提升的空间仍然很大。除此之外,尹干军(2008)、贾德奎(2011)、王少林等(2014)也基于修正的E-G指标体系,对我国的货币政策透明度状况进行了评价研究。他们的研究结果均表明,我国的货币政策透明度水平在不断提升,但是与发达国家相比仍有很大的差距。

现有的基于指标体系的货币政策透明度评价是目前使用较为广泛的方法,尤其是E-G指数方法的应用更为广泛。国内很多透明度评价的方法都基于E-G指数方法,并在此基础上进行一定的调整和修正。国内外学者在目标透明、经济透明和过程透明方面基本取得了较为一致的看法,但是在决策透明和操作透明上分歧较大,国内学者比较重视操作透明度的指标选取,国外学者较为重视政策或决策透明度指标。虽然指标体系方法运用广泛,但是这种方法也存在很多的问题:一是已有研究对货币政策透明度的测算大多是通过对各指标得分简单的相加获得,没有考虑到指标的权重,同时指标之间存在一定的重复;二是指标的选择和设定带有一定的主观性,尤其是国内的研究,在对已有指标体系(主要是E-G指数)的修正方面并没有给出具体的理由,指标删减具有一定的随意性;三是指标体系的建立没有完全考虑各个国家的实际情况,尤其是货币政策的独立性对于货币政策透明度的影响。因此,指标体系方法还需要进一步完善。

三、市场反应法

第三种方法是基于市场反应的评价方法。同以上两种方法相比,这种方法不是基于央行采取的提高货币政策透明度的措施,而是基于政策措施的效果或者公众对于货币当局政策意图的理解程度来评价透明度状况的。通行的做法是考察政策公告前后市场参与者行为的变化或者利率变化等来测度货币政策透明度情况。

早期测度市场反应的目的并不是为了测度货币政策的透明度,而仅仅是为了测度市场利率对于货币政策行为的反应程度。最早开展关于这方面研究的 是Cook和Hahn(1988)、Roley和Sellon(1995)等。Cook和Hahn在1988

年利用事件分析方法研究了美国1974—1979年联邦基金利率变动对于贴现率、票面利率和短期债券利率等市场利率的影响。研究发现，市场利率对于联邦基金利率变动的反应是非常明显的。Roley和Sellon在1995年利用大致相同的方法研究了美国1987—1995年债券利率对于联邦基金利率变动的响应程度。研究发现，联邦基金利率每变动1个百分点，债券利率就会变动4个百分点。市场利率对于目标利率变动的灵敏程度是非常显著的。之后Edelberg和Marshall（1996）、Evans和Marshall（1998）等又运用向量自回归模型进行了相关的研究。

这些研究为市场反应方法测度货币政策透明度提供了基础和借鉴。2000年，Haldane和Read将市场反应的方法运用到货币政策透明度的度量上，构建了通过市场反应测度货币政策透明度的方法，即H-R方法。这也是目前这方面具有代表性的研究。Haldane和Read（2000）认为，如果央行的货币政策透明度水平较高，那么公众或市场就能准确预测政策目标，并据此调整自己的交易行为，使得市场行为的结果与政策目标保持一致。因此，通过衡量官方政策变动意图与市场或公众的反应一致性程度就可以描述货币政策的透明度情况。基于此，Haldane和Read以市场短期利率波动与基准利率变动的一致性系数作为衡量货币政策透明度程度的重要指标，并运用这种方法对美联储、德国联邦银行、意大利央行和英格兰银行1990—1997年的货币政策透明度进行了分析。研究结果表明，德国联邦银行、美联储的货币政策透明度水平高于英格兰银行和意大利央行。之后Poole和Rasche（2000）、Mariscal和Howells（2002）等也采用大致的思路研究了美联储和英格兰银行的货币政策透明度状况。研究表明，美联储和英格兰银行的货币政策透明度水平有明显提升，货币政策透明度的提升有助于减少市场利率的波动。

国内方面，贾德奎（2006）、贾德奎和胡海鸥（2006）、陈静（2010）等基于H-R模型提出了市场反应方法，对我国的货币政策透明度状况进行了评价。研究结果表明，我国的货币政策透明度水平较低，不仅低于欧元区，也低于东欧等转轨经济国家。造成这一状况的主要原因在于，我国央行一般不发布关于货币政策决策过程的相关信息。同时在公布货币政策决议时一般也采取较为官方和模糊的表述方式，导向性并不明确。

基于市场反应方法的透明度评价重点考察了市场参与主体或公众对于已经披露货币政策信息的理解程度，按照政策透明度的定义，可以较为真实地反映货币政策透明度状况。但是市场反应方法是通过对于反应系数的估计值衡量透明度状况，因此，只能反映一段时间内货币政策透明度的总体状况，评价结果不具有时间连续性，往往只能用于有限的横截面分析或对比分析。

四、动态指数法

有效市场假说理论认为，在信息披露充分、市场参与者理性的条件下，市场价格能够及时、完全地反映市场所有的信息，市场就达到了有效性（Fama，1965）。但是，现实市场并不是完全有效的，价格调整对于信息的反应是需要时间的，价格调整的速度主要取决于投资者获取和理解信息的能力。动态指数方法就是基于这个原理，公众对货币政策理解的程度越好，政策执行效果就会越好。在极端情况下，如果货币政策是完全透明的，那么货币政策的意图就能完全被市场理解，货币当局发布的信息就能充分地发挥效果。因此，我们可以通过测度市场反应程度，来间接地度量货币政策的透明度状况（Howells和Mariscal，2002）。具体而言，动态指数方法是通过观察货币政策发布前后反映金融市场参与者对政策透明度理解的金融指标（如利率、股价）的变动情况，来刻画货币政策透明度状况的。

早期动态指数方法主要是通过计算影响利率等指标的事件日前后指标的变动情况来计算政策透明度状况，仅仅是做简单的比较。如Ellingsen和Söderström（2001）利用债券利率与货币当局的官方利率差异测度了货币政策透明度情况。研究发现，不仅信息披露的程度影响市场反应，信息披露的内容对市场的影响也是不同的。如果货币政策披露了有关经济发展的数据，那么长期利率和短期利率的走势是趋于一致的；如果货币当局披露的是关于政策目标偏好的信息，那么长期利率和短期利率的走势正好是相反的。Cochrane和Piazzesi（2002）和Howells和Mariscal（2003）等也采用大致相同的方法对货币政策透明度状况进行了测度。

后来Kia, A.和H.Patron（2004）基于事件分析法，创造出了一种动态性、连续性的指标方法，可以用来衡量一个或几个国家在不同时间段的透明度情况，也称为A-H方法。这种方法主要是分析事件日前后目标基准利率和市场利率的差值变动，以此来判断政策透明度状况。如果货币政策完全透明，市场和公众能够充分理解货币当局的政策意图，那么事件日前后目标基准利率和市场利率的偏差应当趋于一致；当货币政策并不是完全透明时，公众对于货币政策的理解就会出现偏差，将会导致事件日前后目标利率和市场利率之间的偏差增大，甚至背道而驰。因此，利用事件日前后目标利率和市场利率的偏差就可以近似地度量货币政策的透明度。基于这种动态分析方法，Kia, A.和H. Patron以联邦基金利率和3个月国债利率作为指标，以联邦基金目标利率变动日和公开市场委员会会议日作为事件日，对美国1982年10月到2003年12月的货币政策透明度情况进行了评价。研究表明，美联储的货币政策透明度水平在不断提升，尤其是艾伦·格林斯潘（Alan Greenspan）担任美联储主席期间，透明度水平提升更加明显。同时随着美联储货币政策透明度水平的上升，货币市场的波动和不确定性显著下降。

A-H方法是目前运用动态指数方法进行透明度测度最具代表性的研究，国内外很多学者都采用这种方法测度货币政策透明度状况，尤其是国内的研究。目前国内在利用动态指数进行货币政策透明度评价研究时主要就是运用这种方法。如刁节文和贾德奎（2006）基于动态指数原理，运用事件分析法对我国2002—2005年的货币政策透明度情况进行了评价，市场利率指标选取的是隔夜同业拆借利率，目标基准利率指标为银行间债券市场利率，事件日的选择标准是对同业拆借利率有重要影响的事件。测算结果表明，我国的货币政策透明度水平在样本期逐渐提高，货币政策透明度的波动幅度较大。他们认为，信息披露的不及时造成了剧烈的波动。之后陈静（2010）、张旻苏（2013）等也以A-H动态指数方法为基础，选取不同的指标和事件日，对我国的货币政策透明度状况进行了评价研究。结果显示，我国货币政策透明度水平在不断上升，指数波动较大。他们同样认为是由于中国人民银行披露信息不及时、不清晰造成了这种波动。

与其他人的研究不同，徐平（2011）以A-H指数方法为基础，选取上证指数和深证指数作为市场参与者的反应指标，以央行公布利率变动日、货币政策执行报告日和货币政策例会日作为事件日，测算了我国央行1995—2010

年的货币政策透明度状况。研究结果表明，样本期内我国货币政策透明度水平并不高（平均为44%），同时透明度水平的波动性较大。徐平的研究一方面在事件日的选取上具有很大的创新性，同时研究的时间跨度较长，其测算结果对于研究我国20世纪90年代中期至2010年的货币政策透明度状况具有重要意义。

总结动态指数的研究可以发现，同市场反应方法一样，动态指数方法也是一种基于政策效果的测度方法。在评价指标的选取上，国内外大多选取的是短期利率（如短期同业拆借利率、短期国债利率等），通过测度央行宣布的官方利率和市场利率之间的差异计算货币政策透明度状况。但是也有部分研究采用股票市场价格来表征市场反应程度。国内的研究利用短期利率作为市场反应的金融指标时，事件日的选取一般只局限于对利率有直接影响的事件，忽略了对利率变动有间接影响的事件，并且事件日的选取并没有一个完整的体系，事件日的选取具有一定的随意性。

五、研究总结

从货币政策透明度的概念和组成上讲，货币政策透明度应该包含两层意思：第一层意思是强调央行对于信息的披露和公开情况；第二层意思是强调公众对于已披露信息的理解。从这个角度看，调查问卷法和指标体系法主要关注的是货币当局的政策披露情况，而忽视了公众对于货币政策的理解，强调的是政策透明度含义的第一层意思。这种测度方法存在一定的偏差。Haan和Amtenbrink（2003）就指出，虽然欧洲央行在透明度上的得分相当高，但是仍有很多迹象显示，公众并不能完全理解欧洲央行的货币政策。2000年高盛集团（Goldman Sachs）曾经做过一个调查，邀请英国金融市场的参与者根据他们对于英格兰银行、欧洲央行、美联储、德国联邦银行货币决策的理解程度，分别给5家央行打分，打分区间为1～5分。调查结果显示，美联储的货币政策透明度水平虽然明显低于其他央行，但是在公众对于其政策理解方面，美联储以4.3分遥遥领先，欧洲央行的得分最低，英格兰银行的得分也非常不理想。这说明仅仅关注央行的信息披露，在测度央行政策透明度方面是存在瑕疵的。同时由于调查问卷和指标体系方法受人为设定和评价的影响较大，因此评价结果较易受主观因素影响。

市场反应和动态指数方法刻画了市场或公众对于货币政策的理解和反应程度，但是忽视了央行的信息披露，强调的是货币政策透明度的第二层意思。这两种方法并不是直接测算货币政策的透明度，而是通过央行沟通的结果来间接地测度货币政策透明度状况。从理论上讲，这种以结果为导向的评价方法更具有科学性。但是以公众对于货币政策理解和反应程度为导向的方法也存在一定的问题。首先，这两种方法都以有效市场作为前提假设，这就对一个国家或地区的市场化进程和市场参与主体的反应提出了很高的要求。目前在一些国家和地区，市场化进程处于起步或发展阶段，市场化机制并不完善，同时市场参与主体还不能对市场行为做出充分理性的反应，因此这种方法在很多国家并不完全适用；其次，这种方法只是测度了公众或者市场参与者对于货币当局已经披露信息的理解和反应程度，但是无法衡量对于未披露信息的理解程度，评价结果也是存在偏差的。

以上测度货币政策透明度的方法各有优缺点。在实际操作中，调查问卷方法由于工作量大、可操作性小，其使用受到了一定的限制。市场反应方法虽然能够测度各国的货币政策透明度状况，但是只能测度一段时间的整体状况，无法建立连续性、动态的评价结果，对后续研究造成了困难，使用情况也不是很多。目前使用较多的是指标体系方法和动态指数方法。

由于目前国内外使用的货币政策透明度测度方法主要是指标体系方法和动态指数方法，因此，结合以上的文献回顾和分析，本书重点从指标体系方法和动态指数方法角度，对货币政策透明度的评价提出了以下建议：

一是指标体系方法中指标的选取首先应该遵循一定的原则，其次应该紧扣货币政策透明关于央行信息披露和公众对于政策理解两方面的含义，最后在建立指标体系中应在考虑实际情况差异和指标体系的通用上取得平衡。

二是动态指数方法中关于事件日的选择，应该把握一定的原则。切忌随意选取事件日，在基准利率和市场利率的选择中参考国内外通行做法。

三是将信息披露与公众理解的方法相互结合，建立一种能够反映货币政策透明度两层含义的评价方法，更加科学、有效地对货币政策透明度进行评价。

目前，央行加强与公众的沟通和交流已经成为货币政策的一种潮流和趋势，但是这种趋势是否具有理论基础则需要学术界更多的研究和探讨。本书归纳了国内外学者在货币政策透明度测度方面的研究情况和最新进展，为货币政策透明度的测度及其后续研究提供了基础。在各国央行更加重视与公众沟通和交流，更加重视引导公众市场预期的背景下，本书的研究不仅进一步加深了对于货币政策透明度问题的认识，同时也为货币政策透明度的评价提供了参考和借鉴，具有非常重要的理论意义和现实意义。

第三节　政策透明度的影响因素研究

应该说目前国内外关于货币政策透明度研究的领域是非常广泛的，成果也非常丰富。但是梳理国内外关于透明度问题的研究后发现，目前国内外关于货币政策透明度影响因素的分析非常缺乏。

一、国外的研究

首先来看国外的研究。关于货币政策透明度影响因素的分析在很多早期的文献中都有所涉及，但是系统性、定量化的研究开展得相对较晚。在定量研究中，如Dincer和Eichengreen（2007）对1998—2005年全球100个国家和地区的央行的透明度水平进行了评价，这100家央行基本上包括了全球所有的系统重要性央行。根据评价结果，他们分析了透明度的决定因素，并将影响透明度的因素分为经济因素和政治因素两大类。其中经济因素包括人均收入、历史通胀水平、汇率制度弹性、金融深化程度；政治因素包括法律法规完善度、政治稳定性、话语权和问责制、政府效率等。固定效应模型和混合效应模型进行回归后的结果表明，人均收入超过其他经济因素和制度因素，成为影响透明度水平最重要的因素；汇率制度弹性与透明度正相关；政治性变量中很多也与透明度相关，但是显著性并不高，并且政治因素之间高度相关。

其中法律法规完善度、政治稳定性、话语权和问责制、政府效率与货币政策透明度水平成正比。同时研究还发现，政策独立性与透明度的关系并不显著。Crowe和Meade（2008）基于40个国家（包括12个欧元区国家）2003年的数据，运用截面回归模型分析了货币政策透明度的影响因素。研究发现，汇率制度弹性、监管质量、话语权和问责制与货币政策透明度正相关，货币政策独立性仅与货币政策透明度有微弱的相关关系，人均收入、开放度与透明度没有显著相关关系。Geraats（2009）基于Dincer和Eichengreen（2007）的测算数据，研究了货币政策透明度的影响因素。研究发现，通胀水平、人均GDP与货币政策透明度正相关。Dincer和Eichengreen 2010年更新了他们2007年的研究，对100个国家和地区的央行1998—2006年货币政策透明度状况进行了评价，同时分析了货币政策透明度的影响因素。经济因素变量没有变化，政治因素中加入了民主化倾向变量。研究表明，经济因素方面人均GDP、汇率制度弹性，政治因素方面法律法规完善度、政治稳定性、话语权和问责制、政府效率、政治民主化与政策透明度成正比。同时研究也表明，在弹性汇率制度下，开放度与透明度成正比；在固定汇率制度下，开放度与透明度成反比。Dincer和Eichengreen 2014年在2010年研究的基础上进一步更新，对全球120个国家和地区的央行1998—2010年货币政策透明度状况进行了评价。通过比较不同类型国家的透明度状况，发现透明度水平较低的国家主要集中于那些远离金融中心和实行专制政治体制的北非和中东地区，同时发达国家的透明度水平高于新兴市场国家和发展中国家。最后，他们将历史通货膨胀率、开放度、金融深化程度、人均GDP、法律法规完善度、政治稳定性、话语权和问责制、政府效率、民主化、专制和政体等作为影响货币政策透明度的因素，并运用1998—2010年数据，进行了面板固定效应和混合效应的实证分析。研究表明，人均GDP、金融深化程度、开放度、法律法规完善度、政治稳定性、话语权和问责制、政府效率、民主化与透明度成正比，而专制体制与透明度成反比，通胀的影响不显著。

二、国内的研究

国内也有学者对货币政策透明度的影响因素进行了分析和研究。如杨丽华（2008）分析了影响发达国家透明度的因素，认为中央银行的独立性和宏观经济的稳定性是影响货币政策透明度的主要因素。沈烜和张伟（2010）以E-G指数为基础，分析了货币政策透明度的现状和演变趋势，同时认为中央银行的独立性和宏观经济环境（开放度、汇率制度、央行声誉）是影响透明度的主要因素。但是他们的研究仅仅是定性的说明，没有对透明度影响因素做理论或实证的分析。

综上所述，国内外关于货币政策透明度影响因素的研究还较为缺乏，目前国内的研究还仅仅停留在理论阐述阶段，缺乏定量分析和研究。

第四节　透明度的政策效果研究

放眼全球，提升政策透明度逐渐成为一种趋势。对于货币政策而言，这种政策提升是有其客观原因的。除了现代民主进程、经济危机冲击和通信技术的快速发展外，最为重要的原因就是透明度本身会对政策效果产生积极作用。国内外学者围绕着货币政策透明度的效应问题做了大量的研究，积累了丰富的研究成果，对这些成果进行梳理和总结，一方面有助于发现透明度对政策效果的影响，理解货币政策透明度提升的原因，另一方面也可以丰富货币政策透明度问题的研究，加深对于这一问题的认识。

一、政策效果的利弊之争

分析货币政策效果的好坏就是看其是否实现了政策目标，或者对宏观经济运行的影响是否符合政策预期的方向。Thornton（2002）认为，提升货币政策透明度、加强与公众和市场的交流与沟通只是一种手段，关键还是看透明度的政策效果，即对宏观经济和货币政策目标的影响。如果透明度对于宏观经济没有产生明显的效应，透明度也就没有存在的意义和价值了。只有当货币政策操作或者透明化有助于实现政策目标时，我们才认为该政策措施是有效的。

很多学者认为提升政策透明度是有助于提升社会福利的，因为提升货币政策透明度可以增强公众对于货币政策的了解，有助于降低市场的不确定性（Blinder，2001）。由于对于货币政策有了良好的预期，透明度会减少宏观经济的不确定性和波动，使宏观经济运行更加平稳（Dai和Spyromitros，2012）。

但也有研究者认为提升货币政策透明度无助于提升政策效果，反而认为央行保持适度的隐秘性有助于提升社会福利（Garfinkel和OhS，1995；Haan和Eijffinger，2000）。Morris和Shin（2002）建立了经典的博弈分析模型（简称MS模型），研究了货币政策透明度的效应问题，认为透明度提升会导致市场对于央行公告和行为的过分关注，当央行披露信息与实际运行状况不符时，会引起市场不必要的波动，从而对社会福利产生损害。

还有的学者认为，判断透明度会不会提升政策效果不应一概而论。如果央行传递的信息存在瑕疵、信息公布的时机把握不当，公众对信息的理解存在偏差，都会引发市场的扰动，提高透明度反而是有害的，这时提升货币政策透明度不一定会减少市场的波动（秦凤鸣，2009）。针对Morris和Shin（2002）提出的观点，Svensson（2006）认为，透明度会损害社会福利的结论是有一定条件的，只有当央行披露信息的准确度远远小于公众接受信息的准确度时才会出现。因此，信息披露对于政策目标的影响还存在很大的不确定性。同时他也认为，由于实践中货币当局获取信息的准确度要高于市场，假设条件是不成立的，提升政策透明度有利于提升社会福利。

二、政策效果分析

上文对于货币政策透明度的政策效果只是给出了较为简单的判断，具体到分析透明度政策效果的主要表现，在其对产出、物价水平、金融市场等的影响，这种影响包括对绝对水平、波动和预期的影响。

（一）对通胀和产出的影响

按照研究视角的不同，政策透明度对于通胀和产出影响的研究可以分为以下几类：

第一，对通胀和产出平均水平的影响。Cukierman和Meltzer（1986）较早开展了关于政策透明度对于通胀和产出水平影响的研究。他们认为，如果央行的透明度水平较低，公众对央行政策目标和经济运行状况的认识是非常模糊和不确定的，这时央行的政策操作就会存在很大的随意性。但是当货币当局的透明度水平较高时，它们就会有维护自身声誉的压力，出于维护自身声誉的考虑，它们会主动采取各种措施履行承诺，降低通胀水平。因此，提升货币政策透明度有助于降低通胀率。之后很多的实证研究也证实了他们的观点。如Mishkin和Posen（1997）通过对实行通货膨胀目标制的新西兰、加拿大、英国和采用具有通货目标制性质的德国等国家的实证检验，发现货币政策透明度有助于减少通货膨胀率。Faust和Svensson（2001）通过对比采用通货膨胀目标制的国家在使用这一制度前后通胀水平的表现，认为透明度水平的提升降低了通货膨胀率。Levin等（2004）通过对实行通货膨胀目标制的澳大利亚、加拿大、新西兰、瑞典和英国，以及实行非通货膨胀目标制的美国、日本、丹麦、法国、德国、意大利和荷兰等12个国家的实证分析，表明实行通货膨胀目标制有助于锚定长期通货膨胀预期，减少通货膨胀的水平和持续时间。徐筱雯和高艳（2006）通过理论模型分析了透明度和通货膨胀之间的关系，认为货币政策透明度有助于降低通货膨胀率。肖曼君和李颖（2013）运用PVAR模型通过对1999—2009年11个发达国家的实证检验，发现货币政策透明度的提升有助于降低通货膨胀率。

第二，对通胀和产出波动的影响。除了探讨货币政策透明度与通胀产出平均水平的关系，很多学者也分析了透明度对通胀和产出波动的影响。很多学者认为，当货币当局有多重政策目标但是透明度水平不高，尤其是关于货币政策偏好的信息透明度较低时，货币当局的目标偏好就变得非常不明确。公众会倾向于认为货币当局更重视经济增长，从而怀疑货币当局降低通胀的决心。这必然会导致公众对通胀水平保持一个较高的预期，最终使得通胀水平和通胀波动幅度均较高，但是产出波动较小。因此，央行提升政策透明度，尤其是公布有关于货币政策偏好的相关信息，将有助于降低通货膨胀的波动（Canzoneri，1985；Eijffinger等，2000）。Eijffinger等（2004）运用前向预期的新凯恩斯模型分析了货币政策透明度对于宏观经济的影响，发现货币政策透明度会减少公众的预测误差，由此可以减少产出和利率的波动，但是如果央行过分关注产出的波动，则可能会导致较高的通胀水平。

很多研究者认为透明度会加剧通胀和产出的波动，他们的观点主要是从信息传导的角度出发的。他们认为，较高的透明度使得市场主体对货币政策的变动异常敏感，必然放大央行沟通的效果，导致通胀和产出的波动加剧。Jensen（2002）以 Cukierman 和 Meltzen（1986）的研究为基础，通过建立两阶段的模型，并用前向预期曲线代替卢卡斯供给曲线，研究了货币政策透明度的政策效果。研究结果表明，透明度的提高增加了产出和通胀的波动幅度。

但是也有学者认为，透明度对通胀和产出波动的影响存在不确定性。如陈利平（2005）通过建立模型分析了货币政策透明度对社会福利的综合影响，当央行采取较为模糊的政策时，会导致通胀预期和产出水平的上升，前一种效应会减少社会福利，而后一种效应会增加社会福利。社会总福利的变动主要取决于货币当局对产出和通胀权重的设置，如果央行较为保守[①]，那么后一种效应会大于前一种效应，社会福利总水平会上升。反之则会下降。因此，提升货币政策透明度并不是在所有情况下都会增加社会福利。

第三，对通胀和产出平均水平与波动的综合分析。有学者认为透明度对产出通胀平均水平和波动的影响存在一定的差异。大致分为以下几种观点：

一是对平均水平没有影响，但是会影响波动。如杨建清等（2006）通过理论模型和对26个新兴市场经济国家1999—2004年的研究，认为货币政策透明度水平有助于减少产出波动，但是对通胀和产出平均水平没有显著影响。Demertzis 和 Hallett（2007）以 E-G 指数建立了透明度评价指标，通过理论推导和对新西兰、英国、瑞典、加拿大、欧盟、美国、澳大利亚、日本、瑞士等9个 OECD 国家和地区20世纪90年代的实证检验，发现透明度水平的提高减少了通胀和产出缺口的波动，尤其是对于产出缺口波动的影响更大，但是不会影响通胀和产出缺口的平均水平。何运信（2014）运用理论推导和实证回归分析的方法，研究了货币政策透明度对宏观经济的影响，认为货币政策透明度的提升不会影响长期均衡的通胀和产出水平，但是会影响通胀的波动。

---

① 对于通货膨胀设定较高的权重。

货币政策透明度水平越高，通胀的波动幅度越小。

二是对平均水平有影响，但是不会影响产出和通胀的波动。如Chortareas等（2002）通过对包括工业化国家、转型经济国家和发展中国家在内的87个国家1995—1999年截面样本的回归分析，发现货币政策透明度能够降低通货膨胀水平，但是对产出波动和通胀波动的影响并不显著。

三是对平均水平和波动均有影响。如吴卫华（2002）以MS模型为基础建立宏观金融博弈模型，分析了货币政策透明度对通胀的影响。研究表明，提高央行货币政策的透明度不但能够降低通胀水平，同时也有利于减少通胀的波动。徐亚平（2006）通过对比我国1985—1994年和1995—2005年间通货膨胀、产出的均值与方差之间的关系，发现1995—2005年相较于1985—1994年，通胀水平和幅度均有下降，而经济保持高速增长，产出波动的幅度也有所下降。他认为我国货币政策透明度的不断提升是造成这一现象的重要原因之一。Fatás等（2007）基于42个国家1960—2000年的数据，考察了三类量化型货币政策目标（汇率目标、货币供应目标和通胀目标）对于宏观经济的影响。研究表明，量化型货币政策目标有助于降低通胀水平和产出波动。张鹤等（2009）运用一般理论模型和实证分析的方法研究了货币政策透明度与通货膨胀之间的关系。研究表明，货币政策透明度有助于降低通胀水平和波动。王少林等（2014）基于PTVP–SV–FAVAR模型实证检验了1998—2011年我国的货币政策透明度对宏观经济的影响。研究表明，货币政策透明度短期不利于经济增长，但是长期会促进增长，对通胀率水平的影响在不同时间有明显差异，同时透明度有助于减少产出波动，但是会加剧通胀的波动。

第四，对通胀预期的影响。很多学者认为提升政策透明度会引导公众预期，这个预期主要就是指对于通货膨胀的预期。Kuttner和Posen（1999）通过对英国、加拿大和新西兰等国家货币政策透明度与通胀关系实证分析后发现，实行通货膨胀目标制、提升货币政策透明度不仅有利于降低通胀水平，同时也有利于降低通胀预期。Ullrich（2007）以欧洲央行1999—2006年的时间序列数据为样本，研究了货币政策透明度与公众通胀预期之间的关系。研究表明，提升透明度水平可以对公众预期形成很好的引导作用，并最终稳定公众的通胀预期。

国内研究方面，夏斌和廖强（2001）在国内首次提出建立通货膨胀目标制，并认为通货膨胀目标制有助于稳定公众预期，提升货币政策效果。卞志村和张义（2012）运用SVAR模型分析了央行信息沟通与实际的政策干预在引导公众通胀预期方面的作用。短期来看，央行的信息沟通对通货膨胀预期的影响大于实际政策干预，而长期来看货币政策操作的影响更大，因此央行应综合运用信息披露和政策操作工具。王书朦（2015）首先运用理论模型分析了央行沟通的政策效果，然后基于2003—2014年样本数据，运用协整检验和EGARCH检验方法分析了央行沟通对通胀预期的影响。研究表明，央行的沟通会降低通胀预期，口头沟通的效果优于书面沟通。

（二）对金融市场的影响

按照对象的不同，可以将透明度对金融市场影响的研究分为以下几类：

一是对利率市场的影响。Goodfriend（1986）认为央行提升政策透明度，向公众披露关于政策工具和政策操作的有关信息会加剧市场利率的波动，并导致社会融资成本的上升。但是更多的学者尤其是国内的学者认为，透明度会降低利率水平，减少利率波动，有助于形成合理的利率结构。如贾德奎（2010）运用协整理论对我国1998—2009年间同业拆借利率与货币政策透明度的关系进行了实证检验。检验结果表明，货币政策透明度有助于引导市场预期，形成合理的利率期限结构。马理等（2013）基于我国上海银行间同业拆借利率（shibor），运用MVGARCH与Probit模型实证分析了央行沟通与市场利率之间的关系。研究表明，央行的口头沟通有助于降低利率水平，而书面沟通会减少利率波动。张强和胡荣尚（2014）基于我国2006—2013年的数据，运用EGARCH模型研究了央行沟通对于期限结构利率的影响。结果表明，中央银行的沟通对短期利率有显著影响，并且利率走向与政策预期保持一致，而对中长期的影响较小。另外，央行的口头沟通的效果要优于书面沟通，主要是因为书面沟通的措辞较为官方，可读信息较少。

二是对债券市场的影响。Ehrmann和Fratzscher（2007）通过事件分析法，对美联储、英格兰银行和欧洲央行货币政策透明度和债券市场收益率关系的研究后发现，各国在货币政策沟通方面采取了很多不同的措施，但是都产生了很好效果，对债券市场的利率也起到了很好的引导作用。Papadamou（2013）

将货币政策分为可预期的和不可预期的两部分，只有可预期的利率变动会对国债市场的收益率产生影响。并且对长期利率的冲击显示，当政策不透明时会对债券市场产生较大的波动，因此提升政策透明度有助于稳定金融市场的运行。

三是对股票市场的影响。Rosa（2011）运用事件分析法和广义经验似然检验（GEL）方法研究了美联储的政策沟通对股票市场（道琼斯工业指数、纳斯达克100指数、标普500指数）的影响。研究发现，政策公告和政策操作都会对金融市场产生影响，公告相对实际政策操作对金融市场有更大的影响力。冀志斌和周先平（2011）运用EGARCH模型实证检验了我国中央银行沟通对利率与股票收益率的影响。研究表明，中央银行的沟通交流对短期市场利率和股票收益率有显著影响，但是对长期利率的影响较弱。因此央行应该综合运用政策沟通工具和传统货币政策工具，提升货币政策效果。张强和胡荣尚（2013）运用SVAR模型检验了2003—2012年间，中央银行沟通对股票市场的影响。研究证实，中央银行的沟通有助于降低股票市场的波动，口头沟通的效果优于书面沟通。

四是对总体金融市场的影响。Ranaldo和Rossi（2007）以瑞士国民银行为例，运用事件分析法研究了瑞士央行的沟通交流对金融市场的影响，沟通的方式除了政策公告外还包括了官方的讲话和采访。研究发现，市场参与者能够很快地对央行的沟通和交流做出反应，并最终影响债券、股票和外汇市场。Hayo和Neuenkirch（2012）运用GARCH模型研究了美联储和加拿大央行的沟通和交流对加拿大债券市场、股票市场和外汇市场收益率与波动性的影响。研究表明，央行的沟通和交流对金融市场有重要影响，同时目标利率的变化将会加剧金融市场的波动，而其他信息则有助于减少金融市场的波动。吴国培和潘再见（2015）基于我国2006—2012年的数据，运用EGARCH模型分析了央行沟通对金融市场的影响。研究表明，央行的沟通对金融市场有影响但是不显著，对于短期金融产品价格的影响高于长期，口头沟通的效果优于书面沟通。

（三）对宏观经济的综合影响

与前面的研究有所不同，也有的学者将通胀和产出的波动或者平均水平进行综合化处理，以考察透明度对宏观经济整体的影响，这部分研究按照构建综合指数的不同分为两类：

一类是构建以损失函数为代表的综合指数。如Cecchetti和Krause（2002）构造出了一个反映通胀和产出波动的社会福利损失函数，从理论模型上研究了货币政策透明度对这一综合指标的影响，同时运用多重线性回归模型，研究了包括澳大利亚、芬兰、德国、日本等24个OECD国家货币政策透明度对通货膨胀、经济增长以及政策效果的影响。研究表明，无论是理论推导还是实证检验均显示货币政策透明度有助于减少宏观经济总体的波动水平，提升货币政策效果。王美今和王少林（2013）参照Cecchetti和Kraus的研究，也构建了一个包含通胀和产出波动的综合宏观经济波动指数（或者称为社会福利损失函数指标），并运用PTVP-SV-VAR模型检验了1999—2011年货币政策透明度对宏观经济综合波动的影响。研究表明，货币政策透明度有效地降低了宏观经济的波动，尤其是2009年前的数据表现得更为明显。

另一类是以构建牺牲率为代表的综合指数。如Chortareas等（2003）认为公众不能完全相信央行解决通胀问题的决心，而央行传播的信息可以弥补这一问题。基于此，他们研究了货币政策透明度与反通货膨胀成本之间的关系，用产出缺口和通胀率构建的牺牲率指标来衡量反通货膨胀的成本，用央行对经济形势的预测以及对货币政策的解释建立透明度指数。通过对21个OECD国家的实证分析，认为央行的货币政策透明度水平越高，反通胀的成本越低，并且在不同的估计方法和时间段上，估计结果都比较稳健。Stasavage（2003）首先分析了货币政策透明度与产出的关系，认为政策透明度会提升央行的声誉，增加产出水平。之后构造了衡量反通胀成本的指标——牺牲率，并研究了牺牲率与货币政策透明度的关系。研究发现，透明度会降低牺牲率水平。

三、研究总结

本节的研究进一步加深了对货币政策透明度问题的认识，对于理解和把握货币政策透明度提升的原因和趋势具有重要作用。通过对现有文献的系统梳理和归纳，本书主要得出以下结论：一是关于提升货币政策透明度的利弊之争早期主要倾向于认为弊端比较多，会引起市场不必要的波动。目前比较认可政策透明度提升的好处，并且将透明度的利弊分析与政策偏好相结合，强调了目标偏好在政策透明度提升中的重要作用；二是对通胀和产出的影响方面。主要分析了透明度对通胀和产出平均水平、波动幅度和通胀预期的影响。学术界目前存在一定的争议，主要体现在实证分析上。这表明货币政策透明度的效应存在着地区和国别的差异；三是对于金融市场的影响。目前关于透明度对金融市场的影响形成了较为一致的看法，普遍认为透明度的提升会减少金融市场的波动，口头沟通的效果优于书面沟通；四是关于对宏观经济的综合影响方面，目前观点较为一致，即透明度的提升会降低社会福利损失或者牺牲率。

第三章　货币政策透明度的理论和实践基础

20世纪90年代以来，各国货币政策风格出现了重大转变。加强与公众的交流沟通，提升政策透明度正在成为一种国际趋势。相比较于当前各国提升货币政策透明度的趋势和潮流，20世纪90年代以前，各国普遍奉行的还是隐秘性的货币政策。三缄其口、闭口不言是当时各国央行的普遍做法。那么为什么各国央行的货币政策风格出现了重大转变，政策风格转换背后的理论基础和实践基础有哪些。这是本章将要探讨的问题。

货币政策风格转变具有深刻的理论基础和实践基础，分析和探讨货币政策透明度提升的原因对于全面理解货币政策具有重要意义。本章首先研究了货币政策透明度提升的理论基础，将其归纳为预期理论、信息经济学理论、动态不一致性理论、公共选择理论和委托代理理论的进步和发展；其次，本章分析了货币政策透明度提升的实践基础，主要包括民主政治的发展、经济危机的爆发和信息技术的进步等；最后结尾部分对本章进行了总结，并认为货币政策风格的转变是理论进步和实践发展共同作用的结果。

第一节　理论基础

各国央行货币政策转变既是基于实践经验的判断，同时也是基于经济理论的不断发展。下面就将分析货币政策透明度提升的理论基础。

一、预期理论

按照古典经济学的假设，依靠市场的力量会实现资源的有效配置。但是古典经济学的假设是建立在完全信息和理性人的基础之上的，现实世界无法完全满足这些假设条件。由于垄断性、外部性、公共产品和信息不对称等因素的存在，市场在资源配置中会发生失灵，需要政府宏观调控的配合来调节经济运行。传统的政府干预理论主要强调政府在资源配置中的作用，而忽视了市场主体对于经济形势和调控政策的预期，更谈不上政策当局主动与公众进行沟通和交流，提高政策透明度。随着预期理论的建立和不断发展，这种状况正在不断地改变。

预期是指经济主体在进行经济活动前对未来经济形势的估计和判断。预期理论按照预期形成的机制可以分为静态预期、非理性预期、适应性预期和理性预期，下面将分别对相关理论进行介绍。

静态预期是指经济主体完全按照过去已经发生的情况来对未来的经济形势进行估计和判断。蛛网模型是静态预期最有代表性的模型，该模型是由美国经济学家舒尔茨（Theodore W. Schultz）、荷兰经济学家丁伯根（Jan Tinbergen）和意大利数学家里奇（Gregorio Ricci-Curbastro）分别提出来的，并由英国经济学家尼古拉斯·卡尔多(Nicholas Kaldor)命名。蛛网模型以当前市场价格作为下一期市场价格的预期，即所谓的静态预期。静态预期将动态模型引入了传统经济学的研究和分析中。静态预期的模型表示如下：

$P_{t+1}{}^e = P_t$，其中$P_{t+1}{}^e$表示在t期预期t+1期的价格，P_t表示t期实际价格水平

（3.1）

非理性预期是由英国经济学家凯恩斯（John Maynard Keynes）提出来的。非理性预期认为市场主体会依据前期市场实际波动的情况调整自己的预期，但是这种预期易受情绪因素的干扰，发生突然和剧烈的变化。非理性预期的模型表示如下：

$P_{t+1}{}^e = P_t + \alpha(P_t - P_{t-1})$，其中$P_{t+1}{}^e$表示在t期所预期的t+1期的价格，

α为预期调整系数，P_t为t期实际价格水平，P_{t-1}为t-1期实际价格水平

（3.2）

适应性预期是由美国经济学家菲利普·卡甘（Cagan B.P.）首先提出来的，后来经过著名经济学家弗里德曼（Milton Friedman）的分析而逐渐完善。适应性预期与非理性预期一样也会考虑当前价格。但是与非理性预期不同的是，适应性预期是根据当前价格与之前预期价格的差距进行调整，而不是依靠当前价格与上一期价格的差距进行调整，是预期不断调整的过程，因此称为适应性预期。适应性预期的模型表示如下：

$P_{t+1}^e = P_t + \beta(P_t - P_t^e)$，其中 P_{t+1}^e 表示在t期预期的t+1期的价格，

β 为预期调整系数，P_t 为t期实际价格水平，P_t^e 为在t-1期预期的t期的价格

（3.3）

理性预期是指市场主体在运用一切可以获得信息的基础上，做出的长期平均说来最为准确，而又与所使用的经济理论、经济模型相一致的预期。理性预期的思想是由穆思（Muth）于1961年首先提出来的，后来经过卢卡斯（Lucas）、萨金特（Sargent）和瓦尔拉斯（Wallace）等的不断完善，最终形成了理性预期理论。根据理性预期理论的观点，如果货币政策意图能够清晰准确的传递到公众那里，那么公众就会按照货币政策的预期调整自己的行为，货币政策就不会对实际经济变量（如产出、就业等）产生影响，而只会影响到名义变量（如物价水平等），货币政策就失效了。

基于理性预期理论，只有出其不意的货币政策才会产生效果。这种结论在货币当局采取扩张性货币政策时是成立的。这是因为，如果货币当局希望通过一项扩张性货币政策刺激经济，扩张性货币政策带来的政策效果之一就是物价水平的上涨。如果公众清楚地了解到了扩张性货币政策意图，那么他们也会预期到扩张性货币政策会产生通货膨胀。为了减少这项政策对个人生活带来的影响，他们必然会要求提高工资水平，一旦工资水平提高，产品的生产成本就会上升，生产厂家的利润并未得到提升，就不会有更多的资本投入到扩大再生产中，失业情况并未得到改善。以刺激经济增长为目的的货币政策并未产生明显效果，只是推高了物价水平，货币政策无效。但是当货币当局采取紧缩性货币政策时，提高政策透明度反而会提高政策的有效性。这是因为一旦公众意识到央行采取紧缩性的货币政策，首先他们预期到生产会缩减，那么他们对于工资的预期收入也会减少；另一方面，由于信贷紧缩，

预期价格水平也会下降。公众认识到货币的购买力是在不断提升的，同时预期未来工资收入会下降，这就使得他们减少当期消费。消费需求和生产需求的下降必然会对经济产生收缩作用。因此，从这个角度来讲，货币政策透明度的提升会有利于政策效果的发挥。

二战后至20世纪70年代后期，各国普遍使用的是刺激性的货币政策，根据理性预期理论的观点，模糊的货币政策受到了各国央行的普遍认可。但是20世纪70年代后期，随着石油经济危机的爆发，很多发达国家的经济进入了滞涨阶段。这时央行的主要政策目标是降低通货膨胀水平，再采用隐秘性的货币政策反而不利于政策目标的实现。这也就是为什么自20世纪90年代开始，很多国家积极推行通货膨胀目标制，并且成功降低了通胀水平的原因。

作为货币政策透明度重要基础的预期理论，是建立在经济主体是有理性的条件之上的，经济主体会按照经济形势最大化自身的收益，这也是运用预期理论解释透明度问题时需要充分考虑的。为了更好地提高央行政策的可预测性，央行可以向公众提供有关应对外部供给和需求冲击的信息或反应函数，以此可以获得公众和其他市场参与者的信任。一旦获得了公众的信任，央行引导公众的预期就会变得非常简单（Thornton，2003）。

二、信息经济学理论

古典经济学假设信息是完全的和对称的，但是现实情况很难满足信息完全性的假设。以斯蒂格利茨（Stiglitz J.E.）、阿克洛夫(Akerlof)和斯彭斯（Spence M.）等为代表的信息经济学理论，主要研究了信息在市场运行和操作中的作用。根据信息经济学的理论，信息很多情况下是不对称的。信息不对称指的是市场参与的双方掌握信息的程度存在差异，如一方有信息，另一方没有信息，或者一方有很多信息，而另一方只有很少的信息。

信息不对称会产生两个问题——逆向选择和道德风险。逆向选择又称为事前机会主义，指的是具有信息优势的一方总是尽可能做出有利于自己不利于对方的选择。Akerlof（1970）提出的二手车市场就是逆行选择的典型案例。由于买方获得的有关于二手车的信息小于卖方，买方将会根据市场的期望值（或平均值）购买二手车。这个价格对于"差车"的卖方比较有吸引力，但是对于"好车"的卖方就显得过低，因此好车的卖方就会逐渐退出市场，极端情况下，市场中充斥着几乎都是差车，市场基本没有交易。道德风险又称为事后机会主义，指的是具有信息优势的一方利用自己的信息优势，尽可能获取收益而将成本转嫁他人。保险市场就是典型的道德风险案例（Spence和Zeckhauser，1971）。例如，车险的投保人在进行投保后，由于知道有保险单位的承保，那么在驾驶过程中安全意识就会降低，从而在享受"畅快"驾驶的同时，将可能的风险成本转嫁给了保险公司。不论是逆向选择还是道德风险，信息不对称带来的必然是市场资源配置效率的低下。因此，为了提高市场的效率，解决可能出现的逆向选择和道德风险问题的方法之一，就是拥有信息优势的一方将信息传递给对方，以提高资源配置的效率。

以货币政策为例，在制定和颁布货币政策上，货币当局和公众掌握的信息也是不对称的，货币当局明显占有信息优势，而公众在货币政策信息上处于劣势。这种信息的不对称性，使得公众对于货币政策的理解很大程度上基于推测。但是建立在推测基础的对策往往是不准确的，这必然会引发市场的不确定性，使得货币政策的效果随之产生很大的变数。因此，为了消除信息不对称而产生的市场波动，降低货币政策效果的不确定性，货币当局非常有必要向公众传达有关于货币政策制定过程、货币政策目标、货币政策框架等一系列信息。

提高货币政策透明度在消除信息不对称方面具有以下作用：一是公众与货币当局共享的政策信息越多，就越能降低公众对于货币政策的不信任和不配合，使得货币当局与公众之间的政策博弈由非合作博弈更多的转向合作博弈；二是提高政策透明度水平，有助于减少公众由于信息不对称对货币政策的疑虑和预测误差，降低公众预期的不确定性，提高货币政策执行效率。Geraats（2002）认为可以从政策制定者与其他经济体之间的信息不对称的角度去理解货币政策透明度问题，提高政策透明度减少了不确定性，这对于政策双方都是有益的。另外提高政策透明度，还可以提高政策制定者的声誉和发布信息的可信性，有效引导私人部门的预期。

三、动态不一致性理论

动态不一致性又称为政策非连贯性，它指的是即使我们有一个定义清晰、目标一致的社会福利函数，政策制定者基于当前条件下做出的最优政策承诺，在未来可能未必是最优的。因此，政策制定者基于形势的变化可能会对先前的政策进行调整，导致货币政策目标和政策操作偏离预先的承诺，造成了动态不一致。动态不一致性的问题首先是由Kydland和Prescott（1977）提出的，后来Barro和Gordon（1983）等将动态不一致性理论引入货币政策的研究中。

我们通过建立以下的模型来描述动态不一致问题。首先，为了分析货币当局的决策过程，我们应该建立政策目标函数。目前大多数国家央行主要的政策目标是维持物价稳定并在此基础上实现经济增长，因此，我们参照Woodford（2003）关于社会福利损失函数的设定构建了以下的目标函数：

$$\min: L = \pi^2 + \mathrm{a}(y - y* - \mathrm{w})^2$$

$$(3.4)$$

其中，L表示福利损失，a表示产出缺口在福利损失中的比重a > 0，y表示实际产出，y*表示潜在产出，w表示由于政府的干预导致的稳定产出高于潜在产出的部分，也即政府由于政治利益的考虑人为提高的稳定产出高于潜在产出的部分，w > 0（Rogoff，1985）。

根据附加预期的卢卡斯供给曲线（Lucas，1975），我们可以得到总供给的表达式，也即约束条件：

$$\mathrm{st}: y = y* + b(\pi - \pi^e)$$

$$(3.5)$$

其中π^e表示预期通货膨胀，b表示意外之外冲击造成的通胀对产出的影响程度b > 0。

将公式（3.4）和公式（3.5）联立，建立拉格朗日函数，求最值，可以得到最小福利损失下的一阶条件：

$$\pi = \frac{ab^2\pi^e + ab\mathrm{w}}{1 + ab^2}, y = y* + \frac{ab\mathrm{w} - \pi^e}{1 + ab^2}$$

$$(3.6)$$

从一阶条件可知，如果要实现实际的通货膨胀率与公众预期的通货膨胀率保持一致，即$\pi = \pi^e$，必须满足以下条件：

$$\pi = \pi^e = abw$$

（3.7）

通过以上的模型，我们可以分析产生动态不一致的原因。因为只有 $\pi = \pi^e$ 才表明货币当局没有违背预先承诺发生动态不一致的问题，但是根据一阶条件我们可以发现，π^e 越低越能有利于实现低通胀、高增长的目标，因此货币当局是没有动力从一开始就在公告中将公众的预期提升到公式（3.7）中的水平。这表明，在公众预期形成的时候，为了实现货币当局的目标，央行违背之前的承诺是最优的决策。其次，当经济形势发生变动时，货币当局面临的经济形势发生了变化，最优条件也发生了变化，必须做出调整。

与传统的经济理论不同，动态不一致性理论强调了货币当局与公众之间的策略互动和相互博弈。公众会基于货币当局披露的政策信息形成预期，并根据预期调整自己的行为，而货币当局在政策决策过程中需要考虑政策执行的客体——公众的反应，并且根据公众的行为调节自己的政策决策，因此，两者之间相互作用、相互联系、相互博弈。

通过以上分析，我们认为造成动态不一致性的原因包括以下几点：一是社会系统是动态的，随着社会系统的变化，社会福利函数也会发生调整和变化，并且我们今天的决策是基于目前状态下对于未来的预期，当前状态下的预期会随着未来的发展出现调整和变化；二是政策制定者面对的博弈方不是自然物，而是具有理性的经济人，他们会基于历史和当前的情况做出对于未来的预期，并根据预期不断调整自己的行为，追求利益最大化。当一项政策出台后，会影响公众对于未来的预期，从而影响到他们当前的行为；三是我们的常规做法是估计一个经济模型，然后根据最优决策理论制定政策，但是Lucas（1976）指出，由于最优决策规则是随着一系列的相关决策者的变化而变化的，任何决策的变化都会影响决策模型和规则，这势必会导致对于未来政策的再评估和调整。

动态不一致与政策透明度是密切联系的，如果货币当局采用隐秘性的货币政策，不公布货币政策目标等信息，公众就不会基于公告形成预期，也就不会出现动态不一致的问题。动态不一致性会影响货币政策的执行效果，这是因为预期的形成是一个相互博弈的过程，货币当局发布公告到最终形成公众预期，需要货币当局具有较高的可信度。如果央行能够在中长期保持货币政策的一致性，央行的货币政策在长期的可预测性和可信性就会大大提升，那么这种一致性将会在引导公众预期方面扮演重要的角色。反之，将会大大影响货币政策的执行效果。

四、公共选择理论

公共选择理论最早是由Bergson（1938）提出，经过Arrow（1963）等的不断完善，到20世纪50年代后期逐渐兴起，出现了以Black（1958）、Tullock和Buchanan（1962）等为代表的公共选择理论学派。与传统经济学理论假设政府是社会利益代表的观点不同，公共选择理论认为政府也具有"理性经济人"的特点。同消费者追求效用最大化、生产者追求利润最大化一样，政府机构也会追求自身利益的最大化。作为政府行政机构，政府追求的利益包括获取选票、获得晋升，增加收入等。由于政府有自身利益的要求，那么他们很可能会为了追求个人或团体利益最大化而损害公众利益。例如，政府为了拉选票，倾向于选择事半功倍、立竿见影效果的政策以博取选民的支持，但是很可能因此而放弃更有利于社会福利的长远政策。再例如，政府机构为了提升自己的声誉和影响力，一般倾向于扩大机构规模，导致机构臃肿效率低下。

央行作为政府机构的重要组成部分，其实也存在着追求自身福利最大化、忽视社会福利的问题。以美国货币当局为例，美联储就经常采取各种措施对影响其利益的变革和行为进行抵制。Goodfriend（1986）描述的案例清楚地记载了这一点。1975年，乔治敦大学法学院的学生戴维·梅里尔（David R. Merrill）根据美国1966年《信息自由法案》的条文，向乔治敦地方法院提交了一份诉讼，要求美联储下属机构——公开市场委员会（FOMC）在每次会议召开后，直接公布政策指令和会议纪要，而不是隐而不宣。地方法院和上诉法院均支持了原告的诉讼请求，但是美联储一直不服判决结果，最终案件被提交至美国最高法院。最终最高法院判决，在不明显损害货币政策运行和商业利益的前提下，联邦公开市场委员会应该及时履行信息披露义务。公开市场委员会最终不得不基于这个判决，向公众披露相关政策信息。虽然最高法院的判决并不是以金融或者货币理论作为基础，但是这个判决改变了央行一直以来被神秘气氛笼罩，不愿向公众发布信息进行沟通和交流的状况。

根据公共选择理论的观点，为了制约公共权力，任何公共权力机关部门的公共政策都要公开接受监管，这其中就包括货币当局，而这种监管的有效性就取决于政策的透明度。政府部门的政策制定与大众的福利是密切相关的，尤其是货币政策与普通群众的生活休戚相关，因此更应该提高货币政策的透明度，接受社会和舆论的监督。同时由于央行在国民经济发展中扮演着举足轻重的角色，其权利也应该受到约束和监督。中央银行提高政策透明度有助于公众理解货币政策的目标和承诺，实现对央行工作的监督和评价（彭芸，2007）。

五、委托代理理论

委托代理理论是制度经济学契约理论的重要组成部分，该理论最早产生于企业管理中，由于企业所有权和经营权的分离产生了委托代理关系。Berle和Means（1932）最早提出两权分离的企业治理结构，成为委托代理理论研究的起点。20世纪60年代，经过 Spence 和 Zeckhauser（1971）、Mirrlees（1976）和 Holmstrom（1979）等的不断完善和发展，委托代理理论的体系正式建立起来。委托代理理论产生的条件和基础包括：一是委托人和代理人之间的信息不完全对称，二是委托人和代理人之间利益不完全相同。前者导致代理人隐藏行为委托人无法观察，当然也就无法对代理人进行有效监督；后者是基于公共选择理论，作为政府机构并不完全以社会福利最大化作为目标，他们也会谋求自身利益，导致代理人行为偏离委托人的预定目标。

从各国宪法实践中我们知道，国家的一切权利属于人民，政府只是公民权利的代行者。从这个意义上来讲，公民与政府机构的关系具有明显的委托代理的关系，是公民委托各类政府机构代行管理国家。那么作为实现货币政策调控的国家机构——中央银行当然也是公民权利的代理人。

根据契约理论的观点，公众可以通过设计一定的机制激励代理人的行为，使得代理人的利益与委托人的利益趋向相一致。但是除此之外，还可以通过提高信息披露加强对代理人的监督。以公众和货币当局的关系为例，这就要求央行加强与公众的交流和沟通，及时履行信息披露义务。央行提升货币政策透明度，减少了与委托人（公众）信息不对称的程度，实际上从基础条件上解决了委托代理理论存在的信息不对称问题。

本章主要讨论了货币政策透明度的理论基础，主要包括预期理论、信息经济学理论、动态不一致理论、公共选择理论和委托代理理论，从上面的分析我们可以梳理这几种理论之间，及其各理论与货币政策透明度的关系。

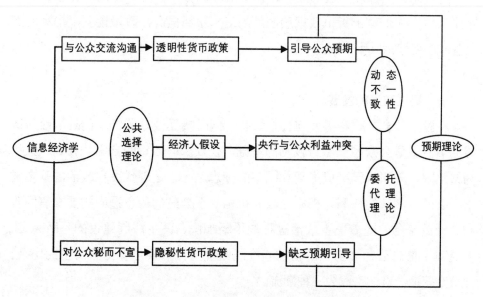

图3-1 货币政策透明度理论基础关系

通过对透明度实践基础的分析我们发现：货币政策透明度的理论基础之间存在着密切的关系。央行是否与公众进行沟通和交流，直接关系到央行与公众之间信息的不对称程度（信息经济学理论），并影响这是否能够有效引导公众预期（预期理论）。根据公共选择理论的观点，作为政府机构重要组成部分的央行也具有理性经济人的特点，因此存在着与公众利益冲突的可能（公共选择理论）。由于央行具有理性经济人的特点，信息的交流和披露就有可能出现，央行为了最大化目标函数而导致的动态不一致性（动态不一致理论）。同时在理性经济人、货币政策隐秘，公众与央行信息不对称的条件下，还会产生委托代理问题（委托代理理论）。

第二节 实践基础

近年来，货币政策透明度不断提升的原因除了具有一定的理论基础，还在于实践上人们对于货币政策透明度的需求不断提高。政策透明度提高的实践基础主要包括以下方面。

一、民主政治的发展

在民主社会，政府需要向公众负责，同时接受公众监督，而获取政府政策的信息就是公众履行监督权利的基础。公众获取信息的自由和权利，又称为知情权，知情权已经成为现代国家的标志之一，是现代民主政治的基本要求。公民有知情的权利，相应的政府机构对于公民的信息透明的要求有回答和公开的义务。随着民主政治进程的不断加快，民主法制建设的不断完善，公民对于信息公开和透明的要求也在不断提升，尤其是参与式民主的出现，让公众获取政府信息成为一种潮流。

国外信息公开活动开展得较早，并且积累了丰富的经验。美国在提升透明的方面颁布了一系列法案，比较有代表性的是1966年的《情报自由法案》、1974年的《美国隐私权法》、1976年的《阳光政府法案》以及1996年的《电子信息公开法案》等，通过颁布的一系列法案，美国政府政策透明度水平得到了很大的提升。又如新西兰政府，20世纪80年代初期，工党政府上台后，一直致力于提高政府运作的透明度和效率，1982年颁布了《官方信息法案》，1989年颁布了《储备银行法案》，要求联储银行公开披露货币决策及其决策原因。通过法律法规的制定和推动，新西兰央行的政策透明度水平不断提高。在亚洲，韩国政府1996年颁布实施了《公共机构信息公开法》，日本政府1999年颁布了《行政机关信息公开法》等，也在一直采取措施提升政策透明度水平。

　　我国在推进信息公开方面也做了大量的工作，1987年十三大报告中明确提出要提高政府机关的信息开放程度，重大问题要让人民知道。2000年，国务院发出《关于在全国乡镇政权机关全面推行政务公开制度的通知》，对县乡两级政府的政务公开提出了要求。2003年"非典"爆发，由于信息不透明一度造成了"非典"症状的急剧上升和民众对于"非典"的恐慌，广州市政府率先在全国颁布《广州市信息公开规定》，首次以立法手段确定政府信息公开的义务。紧接着上海市、北京市等地也开始推进信息公开的法律法规建设。2007年国务院正式公布了《政府信息公开条例》。这是我国信息公开和民主建设具有里程碑意义的重要事件，标志着我国信息公开制度的重大发展和进步。随着2015年我国加入国际货币基金组织数据公布特殊标准（SDDS），我国的政策透明度水平不断提升。

　　提升政策透明度与推进政治民主化进程具有非常密切的联系。实现政府信息公开，提升政策透明度，一方面是民主政治发展的必然要求和结果，另一方面政策透明度的提升也对民主政治的发展起到了促进作用。因为提升政策透明度不但提升了公民参政议政、参与国家治理的热情，而且政策透明度的提升也使得公民能更好地监督和评价政府的工作，对于预防政府腐败、提升政府的工作效率都有非常重要的作用。所以，提升政策透明度和推进民主政治的发展是相互促进、相互推动的关系。

　　作为政府公共机构的重要组成部分，央行提升政策透明度也是民主政治发展的必然要求。并且当央行的货币政策越不容易量化时，公众就越希望货币当局采取更加透明的决策方式。同时在民主化进程的发展中，央行主动与公众进行交流和沟通，不断提升政策透明度也有利于提升央行的声誉，有利于在公众中树立起民主和负责任政府机构的形象。

二、经济危机的爆发

　　二战后，全球爆发了几次比较严重的经济危机。这些经济危机的爆发，使得以往货币当局坚持的隐秘性货币政策受到了挑战。本章列举了二战后代表性的经济危机，并分析了这些经济危机对于央行货币政策操作风格（隐秘还是透明）的影响。

（一）20世纪七八十年代的中东石油经济危机

1973年第四次中东战争爆发，作为主要产油国的阿拉伯石油输出国组织（OAPEC），为了报复以色列以及支持以色列的国家而大幅降低石油产量，导致石油价格上涨了两倍多，最终造成了1973年的石油危机，这场石油危机一直持续到1976年才基本结束。但是1980年两伊战争爆发，世界石油产量严重减产，石油价格急剧上涨，最终导致战后第二次石油危机。两次石油危机对以美国为首的发达国家产生了严重影响，乃至引发了二战后最严重的全球性经济危机。主要工业国家的工业生产值大幅下降，其中美国工业产值在1973—1976年间下降14%，日本的工业产值下降超过了20%，主要工业国家经济增长放缓和全面衰退，物价水平高居不下，形成了20世纪七八十年代的大滞胀。

面对经济滞胀，各国的货币当局发现出其不意的货币政策没有产生明显的政策效果。采取刺激性政策促进经济增长时，会导致通胀水平更加严峻。为了应对高居不下的通胀水平，各国改变了以往秘而不宣的政策风格，转而采取主动沟通的方式，以期在刺激经济增长的同时，稳定公众的通胀预期。在政策沟通方面比较有代表性的就是公布政策目标，尤其是通胀目标，实行通货膨胀目标制。政策实践表明，通货膨胀目标制能够有效地稳定公众预期，提高了政策的可信度。因此，从20世纪90年代初，很多国家开始采用通货膨胀目标制。

（二）1994—1995年的墨西哥金融危机

20世纪80年代末期，墨西哥的物价水平一直较高，为了应对物价水平的上涨，萨利纳斯政府采取了比索（墨西哥官方货币）与美元挂钩的方式。但是由于通胀上升的幅度大于比索贬值的幅度，比索的币值被严重高估，由此导致了墨西哥出口不断下降，进口不断增长，经常项目出现了恶化。为了弥补经常项目逆差，吸引外资，墨西哥政府实行比索不贬值的政策，并且发行与美元挂钩的短期债券稳定外国投资者。这一政策导致热钱大量涌入，政府债务不断增加。最后不堪重负的墨西哥政府在1994年12月19日突然宣布比索贬值15%，由此导致了金融市场的极大恐慌，外资大量抛售比索。短短三天时间，比索对美元的汇价就贬值42.17%，股市也出现严重暴跌，外资大量流出。

墨西哥的金融危机波及拉美国家，导致拉美国家股票市场暴跌，外资流出严重。1995年受墨西哥金融危机的影响，欧美以及远东国家的股票市场也出现了不同程度的下跌。为了应对危机，墨西哥政府紧急向国际货币基金组织申请贷款，直至1995年上半年，国际货币基金组织的贷款到位，这场经济危机才算基本平息。

墨西哥金融危机的爆发与其不适当的货币政策有密切关系，但同时不透明的货币政策模式也使得危机进一步累积加剧。一方面，墨西哥政府在宣布比索大幅贬值前，并没有对市场进行过任何的沟通和交流，在发布比索贬值时，也没有进行政策解释和后续货币政策走势的预判。所以当墨西哥政府宣布比索贬值后，金融市场陷入了极大的恐慌，人们疯狂抛售比索，导致比索的大幅度贬值。另一方面，当墨西哥向国际货币基金组织申请紧急贷款后，由于墨西哥并没有发布经济状况的信息，导致IMF对于墨西哥金融危机认识的不充分，反应迟钝，在危机发生后很长时间才制定出援助计划。这也引发了IMF和很多遭受危机的国家对于隐秘性政策合理性的思考。

（三）1997—1999年的亚洲金融危机

1997年泰铢贬值引发了一场东南亚的金融海啸，并最终形成一场波及亚洲乃至全球的金融危机。1997年7月2日，泰国政府宣布放弃固定汇率实行浮动汇率，泰铢（泰国官方货币）当天贬值17%，泰国外汇市场及其他金融市场很快陷入一片混乱，并波及东南亚其他国家，后又对日本、韩国、中国、俄罗斯等国家的金融市场产生了冲击。这场危机导致亚洲很多国家和地区的经济增长出现下滑和衰退。1998年的数据显示，泰国、马来西亚和印尼出现了5%～8%的负增长。与墨西哥经济危机不同，包括泰国在内的东亚国家经济基础基本面和金融体系运转良好，但是仍然爆发了波及整个区域乃至全球的经济危机。

由泰铢贬值引发的亚洲金融危机，除了游资投机、汇率制度不当、市场机制不完善等因素外，政策的不透明也扮演了重要的角色。首先，在危机发生前，包括泰国在内的东亚很多新兴市场经济国家货币政策透明度水平并不高（魏永芬，2011），导致公众对于央行的承诺信任水平较低。一旦爆发危机，公众对于央行的政策行为和政策承诺缺乏信心，无法有效阻止恐慌的蔓延。

新加坡内阁资政李光耀1988年在接受德国《财经周刊》记者采访时就表示，为了防范经济危机的再次爆发，东亚各国央行必须建立透明的金融体制和政策体制（李光耀，1998）。其次，泰国放弃固定汇率的决定是突然宣布的，之前没有与市场进行有效的沟通。如果泰国货币当局能够及时将汇率制度变动的信息传达给市场，那么市场就会逐步消化这些信息，不至于在面对汇率制度突然变动时，产生极其恐慌的情绪，导致对泰铢的疯狂抛售和汇率大幅度的贬值。最后，IMF也认为缺乏透明度是造成危机的原因之一，开放、透明的宏观经济政策是减少经济波动的重要保证，而一旦发生经济危机，及时、全面、准确的进行信息披露，有助于监管机构采取措施有效应对经济危机。有鉴于此，IMF为了提升各国央行的货币政策透明度水平，于1996年和1997年发布了数据公布特殊标准（SDDS）和数据公布通用系统（GDDS），并于1999年颁布了《货币与金融政策透明度良好行为准则：原则宣言》。

（四）2007—2011年的美国次贷危机

美国次贷危机又称为美国次级抵押贷款危机。这场危机早在2006年就已经有所显现，直至2008年雷曼兄弟公司破产和美林证券被收购，才标志着危机的全面爆发。美国金融机构接连倒闭，甚至一度危机生产性的工业企业。之后危机波及欧盟和日本等世界主要发达国家经济体，并对世界经济产生了冲击，引发了严重的全球性信贷紧缩，世界各国经济增速放缓，失业率激增，一些国家开始出现严重的经济衰退。这场危机一直持续到2011年。欧洲央行行长特里谢（Jean-Claude-Trichet）2011年在国际清算银行召开的全球经济会议上表示，世界经济已走出危机阴影，全球经济复苏已经确立，标志着美国次贷危机的基本结束。

同以往的危机不同，各国主要央行在面对经济危机时，除采用常规的政策工具刺激经济外，纷纷采取各种政策沟通工具，通过提升政策透明度应对经济危机，并且取得了良好的效果。在本轮危机中各国央行采取的政策沟通类工具主要包括：通货膨胀目标制、高通胀目标区、利率走廊、前瞻指引和路径依赖等。下面就简要的介绍这几种操作工具。

通货膨胀目标制是指央行设定一个具体的目标或目标区间，货币政策的目的就是通过政策工具使通胀水平保持在目标值和目标区间内。弹性通胀目标制被认为是非常成功的，它将通货膨胀预期保持在一个稳定状态上，可以避免出现螺旋式的通货膨胀或紧缩的状况，这一点在经济危机期间显得尤为重要。高通胀目标区是指为通货膨胀设定更高的水平，与此相应的，名义利率的水平也会很高。高通胀目标区的设定为政策操作提供了更大的空间，尤其是当经济面临不利的冲击时，名义利率可以做出很大的调整去应对这种冲击（Summers，1991；Blanchard et al，2010）。利率走廊又称为利率通道，是指央行通过贷款利率设定利率波动上限，以存款利率设定利率波动下限。商业银行不会以高于走廊上限的利率拆入资金，也不会以低于走廊下限的利率借出资金，央行通过改变走廊系统，而无须进行公开市场业务操作就可以控制同业拆借利率在存贷款利率的区间范围内波动，并逼近政策利率（Whitesell，2006）。其中，存贷差决定了利率走廊的宽度。Wicksell（1917）首次提出了利率走廊的概念，但是在之后的长达半个多世纪的时间内一直没有得到政策的认可。直到20世纪90年代，随着电子信息技术的发展，公众对于基础货币的需求大大减少（Freedman，2000），传统货币政策通过控制基础货币投放来调节利率的效力被严重削弱，利率走廊的概念才重新得到重视。2008年经济危机前大多数国家基本采用的是对称性利率走廊系统（利率围绕走廊中心波动），而经济危机的发生使得越来越多的央行采取地板系统的利率走廊政策（利率波动保持在走廊中心至下限区间内，目标利率与存款利率差距很小）。在经济危机中利率走廊地板系统可以将利率政策与流动性政策相分离，能在实现利率调控的同时，控制流动性的扩张和收缩，有效地实现政策调控的目标（Keister等，2008）。前瞻指引是央行沟通的一种方式，指央行就政策利率未来可能的走势或央行未来的货币政策立场与公众进行沟通（Plosser，2013）。央行进行前瞻指引的做法是发布对通胀、GDP增速等目标变量的预测，新西兰、挪威、瑞典、捷克等国的央行还会发布对于利率等中间变量走势的预测（Anderson和Hofmann，2009）。在经济危机期间，美联储、加拿大央行、日本央行、英格兰银行和欧洲央行都使用了前瞻指引工具，并且对扭转经济形式都发挥了作用。路径依赖是指设定一个物价水平和名义GDP目标，央行建立一个稳定的机制，使物价和名义GDP沿着一个特定的路径变化。当出现冲击时，央行将会保持原有的路径规则不变，直至物价水平和名义GDP回复到目标水平。与前瞻指引不同的是，路径依赖下央行的政策是由物价水平和名义GDP自发决定的。路径依赖使得公众对于货币政策的走向有了基本的预期和判断，可以大大提升政策效果。

货币当局通过非常规的政策沟通类工具，实现了对于公众的预期管理，在进行政策刺激的同时，稳定了通胀预期。在本轮经济危机中，各国央行纷纷采用政策沟通类工具，有效地应对了经济危机的冲击，再一次证明了提高货币政策透明度的重要性。

通过分析上文列举的四次代表性经济危机我们可以发现：一是墨西哥金融危机和亚洲金融危机是提高政策透明度的反例，而20世纪70年代的石油经济危机和2007年的美国次贷危机，则从正面反映了提高政策透明度的好处。二是各国央行在透明度实践上是在不断进步的，尤其是发达国家和部分新兴市场经济国家表现尤为显著。20世纪90年代的货币政策透明度更多地表现在政策目标透明上，而近期的美国次贷危机除了政策目标的透明（如通货膨胀目标制和高通胀目标区）还体现在经济信息透明和操作透明上。总之，经济危机促使了各国货币政策风格的转变，在实现政策由隐秘到开放的过程中发挥了重要作用。

三、信息技术的进步

谈到20世纪重大的发现和科技进步事件，网络和通信技术的发展应该是最具有代表性的事件之一。1946年第一台计算机埃尼阿克（ENIAC）的出现拉开了人类进入信息时代革命的序幕。从第一代电子管计算机、第二代晶体管计算机、第三代中小规模集成电路计算机，到20世纪70年代初期开始一直到今天的第四代大规模集成电路计算机，网络与通信技术的硬件不断提升，个人电脑已经得到了基本的普及。而20世纪60年代开始兴起的计算机互联系统和计算机互联网，则标志着网络与通信最根本的基础设施开始建立。经过近三十年的发展，网络技术经历了标准化的建设，到20世纪90年代，开始进入互联和高速网络时代。移动通信、网络通信、卫星通信、网络融合为信息的传播和交流提供了极大地便利。

网络和通信技术的发展对于货币政策透明度的提升表现在以下方面：一

是由于通信技术的普及和快速传播，央行实行意外货币政策的机会大大降低。首先是因为信息传播和扩散的速度对于信息保密提出了更高的要求。其次，如果我们假设央行的保密工作做得非常好，可以采取出其不意的货币政策，这种出其不意政策对市场的冲击也将远远高于以前。这是因为通信技术的发展使得信息的传播速度加快，信息的接受范围大大增加，必然导致意料之外的政策对市场冲击的效果加倍，极易造成市场的剧烈波动。同时出其不意的货币政策还会让公众认为央行的政策与当前的操作不一致，不但影响政策效果，而且会对央行的声誉产生损害。二是互联网金融尤其是在线支付的推广和普及，使得传统的货币政策工具操作效果大大降低。央行的传统货币政策工具包括法定存款准备金制度、再贴现政策和公开市场操作。传统的货币政策操作是通过控制货币供应量调节短期利率，并通过短期利率传导至长期利率，并最终对实体经济产生影响。但是由于互联网金融的不断发展，公众对于传统支付工具——货币的使用量和使用频率都在降低，在线支付在居民消费支付中所占的比例越来越多，传统的以货币供应量作为政策调节手段的政策效果被严重削弱，而公众政策预期在政策效果方面的影响则不断加大。三是随着网络和通信技术的不断发展，公众对于信息的需求也在不断增加，货币当局也应该满足和适应公众对于政策信息的需求，提供及时、准确、完整的信息，不但能够正确地引导公众预期，而且对于提升货币当局的声誉和形象也有重要作用（Woodford，2001）。四是通信技术的发展也为透明度的提升创造了条件。通过网络和通信工具，信息的传播和公开速度都得到了惊人的提升，如果货币当局有与公众沟通和交流的意愿，在技术上已经基本不存在障碍，网络和通信技术的发展为货币政策透明度的提升提供了技术保障。

通过对透明度实践基础的分析我们发现：如果说政治民主化使得货币当局迫于公众的压力去提升政策透明度，那么经济危机的爆发则使得货币当局主动去提升货币政策透明度。另外政治民主化对于货币政策透明度的提升具有更多的政治意味，而经济危机的爆发则使得货币当局从自身的经济利益考虑提升政策透明度。市场稳定的需要迎合和激发了货币当局提升透明度的积极性，而网络和通信技术的发展为货币政策透明度的提升和信息公开提供了技术支撑。

第三节　本章小结

　　本章系统的总结了货币政策透明度的理论基础和实践基础，经过本章的研究我们得出以下结论：一是货币政策透明度提升的理论基础包括预期理论、信息经济学理论、动态不一致理论、公共选择理论和委托代理理论。在这些理论中，信息不对称、理性经济人是最为重要的假设条件，在此基础上，各个理论与货币政策透明度密切相关。理论的不断进步与完善，为政策透明度问题提供了坚实基础，政策透明度的提升也是各种理论进步完善的一种体现。二是从货币政策透明度提升的实践基础来看，主要包括民主政治的发展、经济危机的爆发和信息技术的进步。这里面既有政治的因素，也有经济因素，既有被动的压力，也有主动的动力，既有市场的需求，也有技术的支持。因此，货币当局提升政策透明度既具备了实践基础，也顺应了时代潮流。

　　总之，货币政策风格的转变是理论进步和实践发展共同作用的结果，并且目前已经逐渐成为一种趋势。对于我国而言，近年来我国的货币政策透明度水平是在不断上升的，但是与国际货币基金组织数据披露特殊标准（SDDS）的要求相比还有很大的差距。目前我国已经步入经济发展的新常态，经济增长、经济结构、发展方式都在经历着重大的调整和变革。同样的，作为宏观调控重要组成部分的货币政策，也应该创新政策工具、转变政策风格，以满足新形势下宏观调控的需要。刚刚召开的中央经济工作会议提出，为了配合供给侧改革，我国的宏观政策要稳，微观政策要活，而提升政策透明度在引导公众预期、稳定市场方面具有重要作用，应该充分重视。

第四章　提升货币政策透明度的利弊分析

　　随着各国央行越来越重视与公众的交流和沟通，货币政策透明度问题受到了政府和学界的高度关注。虽然提升货币政策透明度成为大多数国家共同的选择，但是并不代表提升政策透明度是有利无害的。那么提升货币政策透明度有哪些好处？又存在哪些弊端？这是本章试图回答的问题。回答上述问题，不但有助于理解货币政策操作风格转变的原因，也有助于货币当局在政策实践中辩证地看待透明度建设问题。本章系统地分析了提升货币政策透明度的好处，同时也阐述了其弊端。最后，本章对文中貌似冲突的观点进行了解释，同时也对减少透明度带来的弊端提出了政策建议。

第一节　提高政策透明度的好处

　　当前普遍的观点都认为，提高政策透明度是有利于货币政策的，它使得货币政策更加有效，并且能以更低的成本实现货币政策的目标（Howells 和 Mariscal，2002）。这一观点已经在过去十几年中被货币当局普遍接受，并被广泛运用于实践。具体而言，提升货币政策透明度的好处有以下几点：有利于引导公众预期，有利于货币政策监督，增强了政策的可信度，同时减少了政策效果的时滞。

一、有利于引导市场预期
预期是指市场主体依据已有的信息做出的对于未来趋势的判断和预测。

公众在进行经济决策前会结合自己已经掌握的信息对经济形势或经济变量进行预测，这种预测行为就是所谓的预期。

随着社会经济的发展，预期因素在货币政策中发挥的作用愈发重要。中央银行进行政策调控影响的是短期利率，而对宏观经济产生直接影响和作用的是长期利率、资产价格和汇率水平，货币政策发挥效果需要经历短期利率向长期利率、资产价格、汇率水平等的传导，预期因素就在货币政策传导过程中发挥着重要作用。Blinder 等（2001）的研究表明，预期会显著地影响短期利率和长期利率的走势，并且通过货币政策的中介目标影响着经济的平稳运行。预期的形成一方面会提升政策传导的效果，另一方面会提升政策传导的速度。因此，预期因素与货币政策效果具有密切的关系。而货币政策透明度则在形成和引导公众预期方面发挥了巨大的作用。Bean（1998）认为央行提升货币政策透明度，尤其是公布了货币决策模型，将有利于锚定货币政策未来走向的预期。因为一旦公布了货币决策的模型，公众就会明白货币政策的决策是如何实现的，货币政策的路径就会变得非常清晰，他们就能如自己决策一样，预期货币政策未来将会采取哪些措施去实现政策目标。虽然经济形势会发生变化，但是央行应对变化的中间目标的调整和变化则都在人们的预期之内。Woodford（2001）认为央行就宏观经济目标与公众进行沟通，实际上是央行的一种承诺，虽然这种承诺不一定是央行完全能控制和实现的，但是这一方面反映了宏观经济运行的一个状况，另一方面也可以使公众对于未来政策的走向有一个基本的理解和判断，能够锚定公众预期，对公众预期产生引导作用。

提升货币政策透明度可以通过引导公众预期，对货币政策效果和市场产生很多有益的影响。

第一，提升货币透明度可以通过预期减少不确定性。提高货币政策透明度，能够使货币政策在短期或者中期可预测，这将有助于降低经济波动的风险，实现市场的稳定。当央行向公众更加透明的展示他们对于经济的展望，以及这种展望如何影响政策立场时，货币政策的决定对于市场的冲击和影响就会变得非常的小。因为前期的不断沟通和交流，已经形成了政策预期，当政策真正公布时，已经基本被市场所消化。因此，政策公布对于市场的冲击将会大大降低，这将有助于维持市场的稳定，避免造成市场的剧烈波动。Goodfriend（1986）反对货币当局采取隐秘性的货币政策，他认为发布或者提供更加准确的信息将会降低市场的不确定性和信息的不对称性，因为金融市场能够有效地利用这些信息，并形成理性预期。透明度水平越高，预测误差也越小。货币政策运行的实际也证实了这一点。如Kia,A.和H.Patron（2004）基于动态分析方法对美国1982年10月到2003年12月的货币政策透明度问题进行了研究，结果表明，美国央行的货币政策透明度水平越高，货币市场的波动和风险性就会越小。格林斯潘担任美联储主席期间，由于不断提升政策透明度，美国货币市场的波动和不确定性出现了显著的下降。

第二，提升政策透明度可以通过预期实现政策目标。Kohn和Sack（2003）认为央行的工作成效应该由其是否维持了物价稳定和经济增长来判定，货币政策行为对于实现这些目标无疑是至关重要的，但是对于经济环境和政策行为的预期同样也扮演了重要的角色。同实际的政策操作一样，央行通过公告和发布会等与公众进行的沟通在塑造公众预期方面发挥了重要作用，因此也是货币政策决策过程的重要组成部分。货币政策公告在展示货币政策倾向方面的效果就和及时意识到货币政策行为出现了调整的效果是类似的，直接听取央行的公告或者观察央行货币政策的调整都能发现货币政策的倾向。从这个意义上讲，公告和货币政策行为之间至少在短期存在着相互替代的关系，央行通过实际的货币政策行为或者在下次会议上承诺要实现该行动几乎都可以实现同样的结果。Blinder（1998）也认为更加开放和透明的货币政策会提高政策的效果，因为更加开放和透明的政策可以向市场提供更多的信息，有助于公众对未来政策走向形成预期，使得市场对于央行政策的反应更容易预测。央行通过开放和透明的政策，实现了对于市场预期的管理，反过来，央行又可以利用这种预期实现政策目标，由此产生了一个良性的循环，可以使央行更好地管理经济。

第三，提升政策透明度可以通过预期降低通胀水平。Nolan和Schaling（1996）最早分析了货币政策中政治（目标）透明的问题，他们的研究表明，货币当局提供的信息确定性程度越高，公众对通货膨胀的预期就越低，就越能降低通货膨胀的倾向。Dillén和Nilsson（1998）认为提高货币政策透明度能够改变公众预期，消除潜在的通胀倾向，并使得货币政策更加有效。Eijffinger和Hoeberichts（2000）研究表明，央行提高政策透明度能够很好地引导公众预期，降低通胀预期，减少产出波动。Geraats等（2001）认为提高货币政策透明度可以提高央行决策的可信度，有助于降低通胀预期，减少金融市场的不利冲击。并且实证研究也表明欧洲央行、新西兰联邦储备银行、英格兰银行、瑞典央行等都采取了提高货币政策透明度的做法，在降低通胀方面发挥了重要作用。Chortareas等（2002）以FJMRS调查数据[①]为基础，选取了中央银行对于宏观经济预测和解释等有关于政策透明度的指标，实证检验了82个样本国家和地区货币政策透明度的有效性问题。实证结果表明，不论是在通货膨胀目标制和货币供应目标制的国家，货币政策透明度都能实现较低的通货膨胀率。

二、增强了政策的可信度

按照韦氏英语字典的解释，可信度是指声明或公告被接受的程度。除此之外，在经济学上可信度是指政府遵守最初货币政策承诺的概率（Baxter，1985），或者公众相信货币当局最初发布的政策最终能够实行的程度（Christensen，1987）。Allan和Masson（1994）的定义则更加全面，不仅包括公众对于货币当局政策执行承诺的信任程度，同时也包括面临外部冲击时，货币当局坚守承诺的概率。这个定义加入了面对不利冲击时，货币当局坚守承诺的能力，定义上更加严格。综上所述，货币政策的可信度是指公众对于货币当局货币政策承诺的信任程度，是对货币当局政策承诺和政策行为一致性的一种预期。

货币政策可信度对政策效果的发挥具有非常重要的意义。当货币当局具有较高的政策可信度时，会对公众的预期和决策行为起到重要的引导作用，提升货币政策的效果。当公众对央行的承诺有所怀疑时，央行的货币政策效

---

① FJMRS调查数据是指由Fry, Julius, Mahadeva, Roger, and Sterne等在2000年进行的央行问卷调查数据，后来以支持调查人员的名字的首字母缩写简称调查数据为FJMRS调查数据。

果将会大打折扣（Barro和Gordon，1983）。货币当局的可信度越高，公众就越会相信央行采取措施解决通胀等问题的决心，越能促进公众的预期与政策导向保持一致（Chortareas，2003）。

　　货币政策可信度受很多因素的影响，如政治因素、技术因素等，其中货币政策信息的公开程度是非常重要的因素，这当然就涉及货币政策的透明度。Issing（2001）认为在一个民主社会，货币政策透明度水平越高，越有利于加强对货币政策制定者的约束，同时也越有利于提升货币当局的合法性和政策的可信度。Geraats（2000）通过建立两阶段模型，从理论上证实了通过发布对通货膨胀和经济增长的预测来提高货币政策透明度，能够提高央行的可信度，从而降低通货膨胀的偏离，同时也能使央行在应对经济冲击时更灵活。这是因为提高货币政策透明度，可以减少货币当局与公众之间信息的不对称程度。尤其是货币政策目标、经济数据、经济预测、决策模型等信息的公布，使得货币当局的可信度有了判断依据。如果政府的货币政策履行了承诺或者达到了预定的货币政策目标，公众对政策的可信度就会增强。对于一个负责任的货币当局而言，提高政策透明度使得可信度可以度量，会大大提升公众对于政策承诺的信任程度。

　　在发生意外的冲击或货币政策出现时滞时，提高货币政策透明度能够得到公众对于货币政策的理解，从而提升政策的可信度。在货币政策操作过程中，实际的政策目标可能会偏离预定的目标。这种偏离有可能是货币当局违背了政策承诺等主观因素造成的，也有可能是遭受意外经济冲击、政策时滞等客观因素造成的。如果货币政策缺乏透明度，公众就不能正确判断造成偏离的原因。公众有可能将一些客观因素归咎于货币当局违背政策承诺等主观因素，造成公众对货币当局的误解和不信任，并最终影响货币政策的效果。而提高政策透明度可以使公众清楚地观察到货币当局的政策操作，一旦出现意外的冲击或者政策时滞，公众就会对货币政策给予更多的理解，从而对货币当局的政策承诺给予更多的信任。Canzoneri（1985）的研究就表明，货币当局提高政策透明度有助于克服动态不一致性的问题，提高货币当局政策决议的可信度。

　　同时Chortareas等（2002）的研究也表明，提升政策透明度、政策可信度和政策效果之间是一种良性循环的状态。他们认为提高政策透明度，如公布货币政策目标和货币政策偏好能够减少通胀偏差。因为一旦公布了货币政策偏差和政策偏好，公众就能很容易的观察到政策结果与政策意图发生的偏差，央行既然对货币政策目标做出了承诺，为了履行对于公众做出的承诺，央行会采取行动去纠正这种偏差，使得政策效果与政策意图趋于一致，通胀的偏差就会大大降低。反过来，央行也因为履行了承诺，其政策的可信度大大提升，政策的可信度又会提升政策的效果。

三、减少了政策效果时滞

在平抑意外冲击对经济的影响或为了实现一定的政策目标时，央行会采取货币政策进行调节和干预，以期实现经济的平稳运行，实现政策目标。但是Freedman（2002）认为货币政策对实体经济的影响并不是直接实现的，涉及货币政策的中间目标、传导机制、货币政策工具等。除此之外，还涉及政策制定、政策操作等很多因素。因此，从开始着手制定货币政策到政策真正对实体经济产生实际作用是有时滞的。

货币政策时滞是指货币政策从开始制定到最终产生实际效果的时间。政策时滞对于货币政策是有重要影响的。首先，货币政策效果会因为政策时滞而大打折扣。例如经济状况不断恶化时，货币当局会出台货币政策去调控经济运行。但是由于时滞的存在，货币政策迟迟没有发挥效果或者反应过慢，经济恶化的状况在不断加剧。如果没有时滞的存在，经济刺激政策会很快地发生作用，及时扭转经济形势，就可以减少时滞产生的损失。其次，政策时滞会使货币当局无法准确把握政策操作的时机。如果时滞较长，经济形势也许会发生改变，出现了与制定该货币政策时完全不同的形势，那么之前实施的货币政策就有可能对当前的经济形势产生不利影响。最后，政策时滞的出现会对后续政策产生干扰，对经济运行产生扰动。例如，如果在原有政策时滞期间，货币当局鉴于经济形势的新变化，又推出了新的政策措施，那么新老政策效果之间就会出现叠加，两种政策效果如果不一致，就会相互抵消，对经济产生扰动。如果政策方向一致，政策效果也许会超越预期，出现过度刺激或过度抑制的状况，同样也不利于经济的健康运行。

一般而言，政策时滞分为内部时滞和外部时滞。内部时滞是指货币当局从认识到经济状况的变动到货币当局采取行动的时间。按照发生的顺序，内部时滞可以分为三个阶段，分别为认知时滞、决策时滞和操作时滞。其中认知时滞是指从经济形势发生变化开始，到货币当局认为需要采取货币政策对这一变动进行调整的时间。认知时滞的时间主要由信息搜集的时间和对经济形势研判所耗费的时间来决定，这涉及货币当局对市场变化的快速反应能力、信息搜集能力和对经济形势的判断能力。决策时滞是指从货币当局准备采取行动到制定货币政策的时间。当货币当局意识到必须采取行动对经济进行调整后，需要对当前的经济形势进行研究，找出相应的对策，并制定出详细的货币政策操作方案。决策时滞主要是由货币当局的政策决心、决策流程和决策效率决定的。操作时滞是指货币政策决策制定出来以后，到进行实际的货币操作所耗费的时间。货币政策方案制定后，央行需要采取具体的行动使政策方案付诸实施。例如调整法定存款准备金、调整再贴现利率、进行公开市场操作、窗口指导、道义劝告、风险提示等等，所有的这些操作都需要花费一定的时间，时间的长短主要取决于各种沟通工具和交流媒介的传播速度。操作时滞一般是比较短的，央行通过通知、公告等就可以快速实现。

外部时滞是指货币当局采取行动进行货币操作到货币政策发生效果的过程。外部时滞按照货币政策传导的顺序又可以分为机构反应时滞和市场反应时滞。机构反应时滞是指货币政策指令或公告等发布后，作为货币政策传导中间机构的政策银行、商业银行、非银行性金融机构等，改变其准备金水平、利率水平等的过程。机构反应时滞主要取决于金融机构对货币政策指令和公告的反应灵敏程度和金融机构对货币政策的配合程度。市场反应时滞是指金融机构按照政策指令等进行操作后，到市场实际响应政策操作并最终对经济运行产生影响的过程。这部分主要取决于市场和公众对于货币政策的理解和把握。如果公众能够很清晰正确的理解和明白货币当局的政策意图，就能及时采取行动调整自己的行为，无疑会提高政策传导的效率和效果，从而减少货币政策对实体经济产生作用的时滞。

从内部时滞和外部时滞的定义来看，内部时滞主要取决于货币当局的反应和政策调控能力，而外部时滞主要取决于市场和公众对于政策的理解和把握。一般而言货币政策的内部时滞较短，外部时滞较长。外部时滞主要是由公众对于货币政策的理解所决定，而提高货币政策透明度有利于提升公众对于货币政策的认知，减少政策的外部时滞，大大降低货币政策的反应时间，提升货币政策的效果。Issing（2001）认为通过向私人部门提供关于政策决策的清晰描述，披露政策决策的过程能够有效地形成市场预期，提高货币政策传导机制的效率。

另外，作为市场参与主体的公众在进行经济决策时，一方面会参考当前的经济形势，另一方面也会对未来的政策走向进行预期。如果央行提高政策透明度，及时发布政策目标、经济数据、决策模型等相关信息，公众就可以对货币政策的走向形成正确的预期，减少预期的误差。当经济形势发生变化偏离政策目标时，公众就能预期货币政策的调整和变化，甚至在货币当局没有正式颁布和实施货币政策时，公众就已经能够根据政策预期提前调整自己的行为，并对实体经济产生影响。显然，提高货币政策透明度，使得公众可以依靠对政策的预期直接做出决策，减少了内部时滞和外部时滞的影响，缩短了政策传导的时间，提高了政策效率。

四、有利于货币政策监督

根据公共选择理论和委托代理理论的观点，货币当局与公众之间的关系同其他公共机构的关系类似，是一种委托代理关系。为了更好地监督货币政策实施，评价货币当局的工作效果，提高政策透明度是非常重要的。这是因为判断一项货币政策效果的成功与否，关键是看货币政策是否实现了政策目标，而货币政策透明度中非常重要的一项就是关于政策目标信息的披露。如果货币当局采取隐秘模糊的货币政策，公众是无法了解货币政策目标的，当然谈不上对货币政策执行效果的判断，也就无法对货币当局进行有效的监督和约束。

提高货币政策透明度让公众对货币政策的目标有了清楚的认识。当货币政策执行后，公众能清楚地明白这种结果是否与货币当局的政策意图或决策模型保持一致，这可以帮助公众对货币政策执行情况进行评价。如果货币政策的执行取得了成功，或者达到了预期的效果，公众一般会给予肯定的态度。

如果货币政策的效果并不理想，那么就需要货币当局做出解释，这样就起到了对货币当局监督和评价的作用。以英国为例，英国货币政策委员会的成员会定期接受国会财政部特别委员会的质询，如果宏观经济指标（如通货膨胀）偏离了政策预期目标，货币政策委员会就要出示书面说明解释偏离的原因（Amtenbrink，1998）。除此之外，提升货币政策透明度还可以让公众对于货币政策策略有一个大体的了解，货币当局在采取政策措施实现政策目标时，也能更容易得到公众的理解和支持。

第二节　提高政策透明度的弊端

正如一枚硬币的两面，加强央行与公众的交流和沟通，提高政策的透明度也并不是提升政策效果的一剂万能良药（Blinder，2008）。首先，从功能定位上来讲，大多数国家的央行主要任务和目标是维持物价稳定，有些国家的央行还同时兼顾经济增长、利率稳定、汇率稳定等目标，提升政策透明度一般不会作为央行的主要目标和任务。判断一个国家的央行有无履行其使命，主要看他们是否实现了政策目标，实现政策透明只是他们实现其目标和任务的附属品或者工具，并不是判断一个国家央行是否履行职责的主要依据。如果央行过分关注市场反应，则有忽视最终目标的风险。其次，提高政策透明度水平也需要付出很多成本，例如在信息披露过程中产生的人力成本、物力成本，如果一味要求提高政策透明度而不计成本，是不符合央行工作实际情况的。第三，即使不考虑获取和处理信息的成本，提供额外的信息也并不是在所有情况下都会提升社会福利（Blackwell，1953）。与所有的人类活动一样，提升政策透明度有时也会产生系统性的错误。具体而言，过高的政策透明度可能会产生动态不一致性的问题、引起市场的剧烈波动、央行的独立性受到影响，以及政策效果受到抵消等。

一、政策动态不一致问题

动态不一致（dynamic inconsistency）又称为时间不一致（time inconsistency），Cukierman和Meltzer（1986）认为如果货币当局具有政策上的独立性，那么他们会最大化自己的目标函数，但是随着时间的推移，经济形势和环境都会发生变化，如果由于政策的不确定性和随机冲击导致政策执行偏离预先承诺的货币政策路径或货币政策目标，就会产生动态不一致的问题。

动态不一致问题的产生是有其客观原因的，因为经济的运行和发展受很多因素的影响，央行很难对经济发展和经济运行实现精准预测。当经济运行发生变化时，央行会根据新的经济形势对于未来经济的走势重新判断，如果经济形势变动很大，就需要相应的对政策措施进行调整。央行的行为不会像理论研究中所展示的那样完全遵循公开的政策目标，采取单一的货币政策规则，这是非常正常和合理的，不意味着央行的管理调控能力存在问题。但是公众对于这种调整和变化往往是缺乏认知的，有时央行向公众完全清楚的澄清和解释这一点也非常困难。这是因为，首先央行面临的实际情况远比我们描述的复杂和充满不确定性，央行如何用清晰明确、简单易懂的语言描述这一点就非常困难。其次信息传达的对象包括了学者、市场人士，也包括了政府官员和普通民众，各种类型的人对于信息需求的内容和程度都存在着差异，因此与公众清晰、准确的交流沟通信息并不是一件简单容易的事情。

动态不一致的问题是与信息披露密切相关的，如果货币当局不披露有关政策目标、政策策略等信息，公众是无法发现货币当局的操作是否背离了设定目标的。Kuttner和Posen（1999）就认为央行过高的货币政策透明度可能会使其面临动态不一致性的问题。

动态不一致性会对货币政策产生不利影响。首先动态不一致性会影响公众预期。一个具有较高透明度的货币当局会在货币政策发布前释放一些关于货币政策倾向的信号，很多的市场参与者进行决策前，会搜寻这些信号以帮助他们对即将做出的决定提供参考。如果关于未来决策的信号被公众接收并理解，金融市场将会反映出这种期望，那么至少在短期，公告与实际的政策之间就会形成有效的替代（Kohn和Sack，2003）。一旦如此，这些信号能够减少决策机构即将召开会议对市场产生的不确定性，规避短期操作的失误，抑制利率市场的波动。然而如果在这期间，由于经济形势的发展，央行对于经济状况的评估发生了变化，这时候央行就会面临两难境地：一方面如果他们不改变预期，那么目前准备发布的政策已经不是最优的了，需要进行调整；另一方面，如果他们对政策做出调整，就会打破原有的预期，必然会引发市场的动荡。我们知道预期的建立是一个渐进的过程，是公众与货币当局反复博弈的结果。动态不一致带来的后果就是公众无法形成对于货币政策的正确预期，这对于维持市场的稳定性显然是非常不利的。

其次动态不一致性会严重损害央行的信誉，使公众对于货币当局的承诺产生疑问，最终影响货币政策的效果（Dornbusch，1991）。以我国为例，这种动态不一致性带来的对于央行管理能力的质疑就表现得非常明显。人民银行作为我国货币政策决策的官方机构，其任何的政策决策和政策措施都非常具有权威性，并且很多时候成为公众和市场的行动指南，很多市场参与者都会依据人民银行的政策倾向进行操作。但是也正是由于这个原因，当经济形势的变化需要央行做出调整的时候，即使央行的做法是完全正确的，公众和市场也会将其归咎于央行的工作过失，认为是央行缺乏政策一致性，进而影响到央行货币政策的可信性，并最终导致公众对央行管理能力的质疑和对央行货币政策的不理解。

二、引起市场的剧烈波动

提高货币政策透明度能够很好地引导公众预期，可以维持市场的稳定，这一观点被很多学者所接受，并且实践经验也证实了这一点。但是我们还是能发现很多相反的案例，例如Blinder（2001）实证检验表明1996—1999年间，美国联邦基准利率出现一个非常小的变动都会导致美国联邦债券价格出现剧烈波动，他将市场的剧烈波动归因于过高的政策透明度。再例如我国的资本市场，经常会因为央行公布的货币政策而产生剧烈波动。Faust和Svensson（2001）认为透明度并不是越高越好，如果透明度水平过高，央行的一举一动都会被市场识别，市场就会随着央行的政策大起大落，出现明显的波动，这种过高的透明度与提高政策效果是事与愿违的。

其实，透明度是否会导致市场的剧烈波动主要取决于以下因素。一是信息披露的质量。Dale 等（2008）认为央行沟通的信息大多数是噪音或者不完美的，这种不完美信息的沟通就会对公众产生一种潜在的误导和扭曲。比较典型的案例发生在 2000 年 10 月份，欧洲央行行长维姆·德伊森贝赫（Wim Duisenberg）在接受媒体采访时暗示，欧洲央行将不会采取进一步的行动去支持欧元。这些言论导致了欧元的大幅度贬值，而他本人也招致了外界严厉的批评。同样的事情还发生在 2006 年 4 月份，时任美联储主席伯南克在一个非正式的场合表示，之前在国会质询中关于货币政策的讲话被公众误解了，这段讲话被无意中公布出来，结果导致了市场的剧烈波动。公众认为如果将联储主席的讲话解读为货币宽松是误解的话，那么，联储的货币政策也许将会出现重大转变，市场利率会出现显著上涨，市场对此反应强烈。

二是信息披露的时机。以我国的货币政策公布时间为例，我国经常会在节假日、周末等非工作日和非工作时间发布政策公告。也正因为这样，我国货币政策变动的公告被称为"半夜鸡叫"。虽然这种称呼带有戏谑的意味，但是由于信息披露的时间避开了工作日，可以避免引起市场剧烈的反应。当工作日到来时，由于经过了一段时间的冷却和消化，政策公告带来的冲击已经减弱，市场的反应和波动就不会特别强烈。从我国货币政策披露的例子可以看出来，把握信息披露的时机非常重要。

三是信息披露的规则。央行的信息披露按照规则分为常规信息披露和非常规信息披露，很多常规信息的披露已经形成了一定的规律。以我国为例，货币政策目标等一般是在两会召开期间由国务院在全国人大政府工作报告中披露。同时随着 2002 年我国加入国际货币基金组织数据公布通用系统（GDDS），我国对常规信息的披露进一步规范化，2003 年根据 GDDS 的要求，中国人民银行发布《2003 年金融统计数据公布时间表》，逐步开始对数据发布的日期进行规范。非常规的信息主要包括降准、降息，利率调整，公开市场操作、领导讲话等。一般而言，常规信息披露由于有预期因素的影响，不会对市场造成严重冲击，而非常规货币政策信息披露则往往会引发市场的震荡。

三、央行独立性受到影响

在提高政策透明度的过程中，央行的独立性主要由于以下原因而受到影响。一是，信息的过度披露，使得货币政策缺乏自主决策的灵活性。随着现代民主制的发展，作为具有独立法律地位的公共机构，央行有义务履行特定的信息披露要求。但是如果央行的透明度水平超过必要限度，例如在极端情况下实现绝对的透明，货币当局除了公布经济数据、新闻公告等数据外，还可能公布所有的内部文件和数据。一旦货币当局所有的信息都公布于众，那么为了避免公众的质疑，货币当局的政策决策就只能按照规则行事。但是我们知道货币政策操作不仅仅是一门科学，也是一门艺术。货币政策一旦缺乏灵活性，独立决策的能力就会大大降低，央行的独立性必然会受到严重的影响（Issing，2005）。除此之外，一旦信息完全披露，就要接受所有市场参与主体的监督，这其中既包括普通市场参与者也包括政府官员，政府官员对于货币政策的影响力相对而言会更大。政府会出于政治利益的考虑对货币政策决策进行干预，央行的独立性势必受到严重的干扰，无法自主地做出政策决策。

二是过分关注提升透明度对公众的引导，从而偏离政策主要目标。Blinder（1999）认为如果央行过分关注于引导市场预期和市场反应，在短期内可能有助于维持市场稳定，但也很容易因此失去政策独立性。我们知道，提升政策透明度并不是货币政策的最重要的任务，而只是一种手段或者附属品。对于货币当局而言，实现政策目标才是最重要的。因为如果央行过分关注与公众的沟通和交流，那么央行的政策必然极易受到市场参与者的影响。一旦货币当局决策的独立性和自主性受到影响，很容易偏离政策的主要目标。因此，央行在政策操作中应该更加关注于政策目标本身，同时为了避免由于透明度水平过高导致的监督主体（尤其是政府官员）对于政策制定的干扰，在大多数情况下，公众一般可以通过国会或者媒体实现对于货币当局的监督（King，1997）。

三是央行政策透明度与其时机偏好和货币政策目标的稳定性密切相关，并不是在任何条件下提升货币政策透明度都是有益的。通常时机偏好水平越高、货币政策目标的稳定性越差，央行将越倾向于采取隐秘性的货币政策。这是因为，当央行的政策目标稳定性较差时，采用较高的透明度，势必会使公众对央行政策的独立性产生疑问——央行的货币政策目标飘忽不定是否受到了来自其他行政部门的干扰？而采用相对模糊的政策则可以避免这一点。

Cukierman和Meltzer（1986）认为央行保持一定程度的模糊性或者隐秘性，将有助于央行更能把握货币冲击的时机，使得货币政策具有一定的灵活性。如果央行关注于刺激经济增长，他会采取正向的货币政策刺激措施，当央行更加关注于通货膨胀状况时，他会采取相应的货币政策刺激措施。

四、抵消货币政策的效果

提升货币政策透明度并不一定会提升货币政策的效果，这是因为作为市场参与者的个体也是具有理性行为的经济人。当央行发布一项政策公告时，市场参与者会基于自己的判断，采取措施最大化自己的收益。如果市场参与者预期货币政策会对自己产生不利的影响，他们往往会采取措施去抵消该政策对自身的不利影响。例如，当发生经济危机时，央行一般是通过实行宽松的货币政策降低利率刺激经济增长。如果公众预期到货币政策宽松可能会导致物价上涨时，他们就会要求提升工资水平。虽然此时资金成本下降了，但是人力资本却上升了，政策刺激措施被市场参与者的行为抵消了，没有发挥应有的效力。除此之外，一旦公众了解到货币政策扩张，就会形成通货膨胀的预期，这对于经济运行也是非常不利的。由于通胀预期的存在，如果央行采取扩张性货币政策时，必须在当前的政策刺激收益和未来较高的通胀预期之间进行权衡。

第三节　本章小结

本章系统地分析了提升货币政策透明度的好处和弊端，下面本章将主要的研究结论梳理和总结如下。

一、货币政策透明度与市场预期

在分析提升货币政策透明度的好处时，我们提出政策透明有助于引导市场预期，并对货币政策执行产生积极作用。但由于宏观经济的波动受很多因素的影响，包括可控因素和不可控因素。当面临不可控因素，例如严重的不利冲击情况时，央行的货币政策操作甚至政策目标都会出现调整，与央行之前的承诺发生了变化，产生了动态不一致性的问题，这势必影响公众对于市场的预期。

其实，这种由于透明度导致的动态不一致，进而引发的对于预期的不利影响是可以通过措施减轻或消除的。首先，央行应该充分考虑到宏观经济运行的复杂性，在信息披露尤其是政策目标和政策操作等信息披露的过程中必须考虑到时间的问题。承诺的时期越长，实际发生的可能性就越低，因为在此期间经济形势发生变化的可能性越大。也正是基于此，央行对于未来的政策决定应尽量做出有条件的、相对短期的承诺。其次，央行必须向公众充分说明货币政策决策的复杂性。货币政策环境在不断变化，经济环境、外部冲击、货币政策制定使用的模型和参数、市场预期过程等都存在着很大的不确定性，因此，在做出货币政策承诺前必须向公众说明，这种承诺存在着发生变动的风险和可能。一旦政策出现调整的时候，货币当局就能够得到市场参与者的理解和支持。最后，当央行明显偏离基于过去行为估计的反应函数（如泰勒规则）或与公众预期发生偏离，也即发生动态不一致的情况时，央行应该及时向公众进行解释，通过对当前形势的再评估，提出更具有说服力的证据，以获取公众的认可。当然，正如上文提高政策透明度弊端里分析的一样，这种解释有时候是比较困难的。

二、货币政策透明度与政策效果

在分析提升货币政策透明度的好处时，我们提出货币政策有助于实现货币政策目标，甚至有些时候央行仅仅通过市场的公告和交流，不需要实际的政策操作就能实现政策目标。但是这种分析是有条件的，即这种政策一般是有利于市场参与者的，例如央行采取降低通货膨胀的措施等。反之，则往往会产生相反的影响，就如本章在提升货币政策透明度弊端里分析的一样。

这就要求货币当局在发布政策措施前，仔细评估该政策对市场参与者的影响和市场参与者的反应，创新货币政策工具，减少公众对冲操作对货币政策效果的抵消。以2008年经济危机为例，很多国家的货币当局面临着如何采取政策措施刺激经济增长，同时又要防范通货膨胀风险的问题。传统的货币政策工具很难平衡这一点，而作为一种非常规的货币政策工具——利率走廊很好地解决了这一问题。利率走廊又称为利率通道，是指央行通过贷款利率和存款利率设定利率波动的上下限，商业银行不会以高于走廊上限的利率拆入资金，也不会以低于走廊下限的利率借出资金，央行通过改变走廊系统，而无须进行公开市场业务操作就可以控制同业拆借利率在存贷款利率的区间范围内波动，并逼近政策利率（Whitesell，2006）。利率走廊将利率政策与流动性政策相分离，能在实现利率调控的同时，控制流动性的扩张和收缩。

经济危机后，很多非常规货币政策工具被纳入央行的货币政策工具篮子里。相对于传统货币政策工具强调调控短期和进行数量管理，非常规货币政策工具可以直接调控长期利率，并进行价格管理。在央行不断提升货币政策透明度的背景下，应不断创新政策工具，有效应对由于政策透明度提升带来的政策对冲操作问题。

三、货币政策透明度与市场波动

在分析提升货币政策透明度的好处时，本章认为提升货币政策透明度可以稳定市场预期，减少由于预期因素带来的市场波动。提升货币政策透明度实质上向市场传递了货币政策的信号，锚定了对于货币政策走势的预期，能够减少市场的不确定性，抑制市场的剧烈波动。

之所以还有很多透明度水平较高的国家，在信息披露时引发了市场的剧烈波动，很多时候是与信息披露的质量、时机和规则密切相关的。针对由于信息披露导致的市场波动问题，货币当局要在信息披露过程中，避免发布虚假信息或者误导信息对市场情绪造成冲击。对于常规性货币政策信息披露要建立规则，逐步使信息披露标准化、规范化，对于非常规政策措施，在进行披露的同时要进行耐心细致的解释，安抚市场情绪。同时信息披露过程中要把握好时机，尽量减少信息披露的负面影响。

四、货币政策透明度与可信度

货币政策透明度能够充分发挥作用，还需要具有较高的可信度。只有货币当局的可信度非常高，货币政策披露的信息才会对市场参与者产生较好的预期引导作用，才能充分发挥货币政策的效果。很多学者认为提高政策透明度会提升货币当局政策的可信度，主要是认为透明度提升可以使公众更好的监督货币当局的行为，使得央行履行承诺的可能性大大提升。但是也有很多学者对此持反对意见（Thornton，2002）。

本章认为提升政策透明度有助于提高货币当局政策的可信度，但是仅仅依靠承诺和对承诺的解释还是远远不够的，更为重要的是来自于对承诺的履行，后者往往是更为关键的。即使披露信息很少，只要货币当局坚持履行承诺，政策可信度依然会很高。以瑞士央行和联邦德国央行为例，两国央行政策的可信度都非常高，但是这种良好的声誉并不是来自他们具有较高的透明度水平（他们很少披露货币政策决策过程的相关信息），而是基于他们对已颁布货币政策始终如一的坚持。因此，货币当局为了充分发挥透明度在政策执行中的作用，必须在提高透明度的同时，尽量坚守承诺，在面对动态不一致问题时有效应对，提升政策的可信度。

第五章　我国货币政策透明度评价研究

2008年美国次贷危机爆发后，各国央行更加重视与公众的交流与沟通，通过通货膨胀目标制、利率走廊、前瞻指引等非常规的货币政策工具来引导公众预期，有效地提升了货币政策的有效性。其实从20世纪90年代开始各国央行就已经由传统的隐秘性货币政策逐渐转向采取更加透明的货币政策，各国央行的货币政策透明度出现了不同程度的上升。具体到我国而言，我国近年来也越来越重视和加强预期管理，不断提升货币政策透明度。那么近年来我国货币政策透明度状况如何，货币政策透明度的演变又呈现出那些特点。本章拟通过建立一套适应我国实际的货币政策透明度评价指标体系，将信息披露与市场反应测度相结合的方法对我国近年来的货币政策透明度状况进行综合评价。

为了考察我国货币政策透明度的状况，本章首先利用指标体系方法测度了我国在信息披露方面的货币政策透明度状况；其次，运用动态指数方法测度了我国在市场反应方面的货币政策透明度状况；再次，本章将信息披露评价与市场反应评价相结合，建立了货币政策透明度综合评价指数，对我国的货币政策透明度状况进行了评价；最后根据测算结果，本章分析了我国货币政策透明度的演变情况，同时分析了我国货币政策透明度建设中存在的问题，为未来我国货币政策透明度建设指明了方向。

第一节　利用指标体系方法对我国货币政策透明度的评价

指标体系方法最重要的就是选取评价的指标，本书的指标选取遵循以下步骤。首先是建立指标选取的原则，以便减少指标选取的随意性，提升指标选取的科学性；其次充分结合已有的研究成果，对已经建立的指标体系尤其是国内的指标体系进行梳理总结，在此基础上构建指标体系；最后是结合我国货币政策的实际构建指标体系。正如肖崎（2006）所指出的那样，为了增强指标体系的实用性和可操作性，在建立本国货币政策透明度的指标体系时，要在充分考虑和借鉴已有研究的基础上，结合本国的实际情况进行适当调整，使得建立的评价体系既能够在总体结构上与国际研究保持基本一致，同时又能够充分体现本国的特色。下面本章将会详细阐述货币政策透明度评价指标体系建立的过程。

一、指标体系建立的原则

在建立基于我国实际的货币政策评价指标体系前，为了尽可能地减少指标建立的误差，在参照已有研究的基础上，本章确定了指标体系构建的原则。

（一）全面性原则

全面性原则要求建立的指标体系应尽可能全面，不遗漏重要的指标。本章将在E-G指标和国内外相关研究的基础上，考察所有关于货币政策透明度评价的重要指标，避免遗漏重要的评价指标。

（二）非重复性原则

非重复性原则要求建立的评价指标之间不能出现重叠和交叉。非重复性原则与全面性原则是相互联系的，根据非重复性的原则，将对已经建立的指标体系进行筛选，对指标之间存在重复和交叉的选项进行删除，尽量减少由于指标相关性过高带来的多重共线性问题。

（三）可比性原则

可比性原则要求建立的指标体系能进行横向的国际比较。横向原则是为了保证我们建立的指标体系能够进行不同国家之间透明度水平的比较，这就需要建立的指标体系应该与主流的评价体系具有基本一致性。为了实现可比性的原则，本章的指标体系将会充分借鉴已有国内外指标体系建立的案例，在此基础上构建符合我国实际的货币政策透明度评价体系。

（四）适用性原则

适用性原则要求建立的指标必须符合本国的实际情况。适用性原则是为了充分考虑不同国家之间货币政策操作的差异性，根据具体的实际情况建立指标体系。为了满足适用性原则，本书将会在已有的研究之上，充分考虑我国的实际情况，删除与我国货币政策实际有较大偏离的指标，补充没有包含在已有研究中的指标，使建立的指标更能满足我国货币政策透明度评价的实际情况，更有针对性。

二、已有研究的总结

在建立我国货币政策透明度评价指标体系前，我们首先对国内外已有的研究进行了梳理和总结。

表5-1 国内外主要研究指标体系选择情况

一级	二级	Eijffinger 和 Geraats	Haan 和 Amtenbrink	Wyplosz 等	Bini- 和 Gros	徐平	陈静	尹宝亮	尹干军	贾德奎	使用次数
政治/目标	正式目标	√	√	√	√	√	√	√	√	√	9
	目标偏好	√	√	–	–	√	√	√	√	–	5
	目标量化	√	√	√	√	√	√	√	√	√	9
	制度化安排	√	–	–	–	–	√	–	–	√	3
经济	经济数据	√	–	√	√	√	√	√	√	√	8
	经济模型	√	–	√	√	√	√	√	√	√	8
	经济预测	√	–	√	√	√	√	√	√	√	8
	机构设置	–	–	–	–	–	–	–	–	√	1
过程/策略	宣布策略	√	√	√	√	√	–	√	–	–	5
	会议纪要	√	√	√	√	√	√	√	√	√	9
	投票记录	√	√	√	√	√	√	–	√	–	7
	议会听证	–	√	√	√	–	–	–	–	–	3
	会议日程	–	√	–	–	–	–	–	–	–	1
	新闻发布会	–	√	√	√	√	–	–	√	–	5
政策/决策	公布决策	√	√	–	–	–	–	–	–	√	3
	政策解释	√	√	–	–	–	–	√	–	√	4
	政策走向	√	–	√	√	–	–	–	–	–	3

续表

一级	二级	Eijffinger 和 Geraats	Haan 和 Amtenbrink	Wyplosz 等	Bini-和 Gros	徐平	陈静	尹宝亮	尹干军	贾德奎	使用次数
操作	控制误差	√	–	–	–	√	√	√	√	√	6
	传导干扰	√	–	–	–	√	√	√	–	–	4
	效果评估	√	–	–	–	√	√	–	√	–	4
	公布政策工具	–	–	–	–	√	–	√	√	–	3

　　注：在研究中如果使用了该指标用"√"表示，否则用"–"表示；目标偏好是指当央行有两个及两个以上的政策目标时，央行能够对目标的重要性进行排序；"制度化安排"是指央行对于公布货币政策目标形成了制度化的安排；"传导干扰"是指央行对货币政策最终传导效果产生影响的经济形势变化等因素进行解释。

　　表5-1总结了目前国内外在指标体系选取方面的一些经验做法。从以上的总结我们可以发现：表中所列指标从政治（政策）目标、经济目标、过程透明到政策（决策）透明和操作透明，基本涵盖了测度央行政策透明度的主要指标。但是政策（决策）透明度与操作透明度之间存在一定的重合性，目前国外主要选用政策（决策）透明度指标，而国内主要采用操作透明度指标。

三、指标体系架构

　　按照本书建立指标体系的原则，本书对我国货币政策透明度指标体系选取如下：按照全面性原则，国内外目前研究中出现的指标已经基本涵盖所有重要指标，指标基本不出现遗漏；按照非重复性原则，考虑到政策（决策）透明度与操作透明度指标之间存在一定的重复性，我们有侧重地选择了操作透明度的主要指标，这也是目前国内学者的主要做法；按照可比性原则，本书的指标选择是建立在E-G指标体系基础之上，并进行了修正和完善，评价结果具备可比性；按照适用性原则，由于我国央行的货币政策无须经过议会听证，因此，删除了相关议会听证的指标。为了体现出指标之间的权重差异，参照De Haan和Amtenbrink（2003）的研究，对正式目标、经济数据、政策解释、效果评估等四个指标在0～2分之间取值，其余指标的得分在0～1分之间取值。这样的设置一定程度区分了不同指标的权重差异。最终，建立的货币政策透明度指标体系如表5-2所示。

表5-2 我国货币政策透明度评价指标体系

一级指标	二级指标	得分说明	周期
政策目标	正式目标	有清晰、正式的目标得2分； 目标表述不清或者没有经过正式官方渠道发布得1分； 没有政策目标得0分。	年度
	目标偏好①	有一个或多个目标，且目标之间有排序得1分； 有多个目标，但是目标之间没有优先次序得0分。	年度
	目标量化	有明确的数量或者数量范围得1分； 有大致范围得0.5分； 没有量化指标得0分。	年度
经济信息	经济数据	是否公布货币政策运行相关数据（GDP、CPI、货币供应、失业率、国际收支），从数据完整性、周期性和及时性的角度考虑②。	季度/月度
	经济预测	发布对于经济数据（通胀、经济增长）的预测得1分； 有预测，但是发布间隔超过1个季度得0.5分； 没有发布对于经济形势的预测得0分。	季度
	经济模型	公布经济预测或评估所使用的模型得1分； 公布经济预测评估模型的组成和结构得0.5分； 不公布经济预测和评估模型的相关信息得0分。	年度

① 目标偏好是指，当央行面临的多重的货币目标时，能够对多重的政策目标进行排序，确定当前央行政策目标的轻重缓急。

② 评分标准参照货币基金组织SDDS（Special Data Dissemination Standards，数据公布特殊标准）

续表

一级指标	二级指标	得分说明	周期
政策决策	政策策略	发布货币政策决策并给予解释得 2 分； 只发布政策决策但是没有给予解释得 1 分； 不发布货币政策决策得 0 分。	---
	会议纪要	公布货币决策的会议纪要得 1 分； 不发布关于货币决策的会议纪要得 0 分	季度
	投票记录	公布货币政策决策的投票记录得 1 分； 不公布货币政策决策的投票记录得 0 分。	季度
政策操作	效果评估	发布对于货币政策执行效果的评估得 2 分； 非正式的发布对于货币政策执行效果的评估得 1 分； 不发布对于货币政策执行情况的评估得 0 分。	季度
	控制误差①	公布货币政策执行情况的偏差并且给予解释得 1 分； 发布偏差但是没有给予解释得 0.5 分； 不公布对于货币政策执行情况的偏差得 0 分。	季度
	政策工具	公布货币政策执行所使用的工具并给出解释得 1 分； 公布政策工具但是没有解释原因得 0.5 分； 不公布货币政策执行所使用的工具得 0 分。	季度

注：除了以上得分标准，对于部分指标评分时还需要综合考虑披露信息的时效性、周期性和披露信息内容的全面性和可读性。

在已经构建的指标体系中我们建立的一级指标体系包括政策目标透明、经济信息透明、政策决策透明和政策操作透明。其中政策目标透明度是指央行向公众表明其货币政策目标及政策目标偏好等信息的程度，货币政策目标一般包括物价稳定、充分就业、经济增长和国际收支平衡等目标；经济信息透明度是指货币当局公开有关货币政策操作的经济背景、货币决策使用的理论模型和货币当局对于经济预测数据等信息的程度；决策过程透明度是指货币当局发布的关于货币决策过程具体细节、操作流程等信息的程度；政策操

---

① 控制误差是指央行是否对实际数据与目标数据的偏差进行公布，并发布措施予以纠正。

作透明度是指央行发布的关于货币政策的评估、使用的货币政策工具及原因等信息的程度。

经济数据披露方面，参考国际货币基金组织信息披露特殊标准（SDDS）中的要求，制定如表5-3所示的评价标准。

表5-3 经济数据透明度得分表[①]

数据	完整性（0.2分）	周期性(0.1分)	时效性(0.1分)
价格指数	消费价格指数 CPI、生产价格指数 PPI 等	M	1M
国民收入	实际 GDP、名义 GDP 等	Q	1Q
劳动市场	就业情况、失业情况、收入情况等	Q	1Q
货币供应	基础货币投放	M	1M
国际收支	收支平衡状况、储备资产状况、	Q	1Q

注：Q表示季度、M表示月，1Q表示下一季度内，1M表示下一月份内。

四、货币政策透明度评价

按照上文建立的货币政策透明度评价指标体系，本书对我国2000—2014年货币政策透明度的状况评价如下。

（一）政策目标透明

正式目标：中央银行的货币政策目标包括最终目标和中介目标。最终目标方面：1985—1994年人民银行提出的货币政策目标是促进经济增长和保持币值稳定。1995年颁布的《中国人民银行法》正式界定我国货币政策的首要目标是维持币值和物价稳定，并在此基础之上实现经济增长。维持币值稳定，实际上有两个意义，对内是指维持物价水平的稳定，对外是指维持汇率水平的稳定，但是央行并没有对这个加以明确。中介目标方面，1949年后，我国

---

① 完整性、周期性和时效性的相关数据来自于货币基金组织数据公布特殊标准（SDDS）

一直将信贷规模作为货币政策的中介目标，但是由于以信贷规模作为货币政策中介目标不利于区域间资金的调配和企业的发展，同时也缺乏科学合理性。因此，我国在20世纪末期逐步的取消了信贷规模的管理目标，并于1998年正式取消了贷款规模限制。1994年国务院颁布的《关于金融体制改革的决定》、1995年通过的《中国人民银行法》明确规定货币政策的中介目标和操作目标是货币供应量、信用总量、同业拆借利率和银行备付金率，这实际上是一种过渡方法。自1996年以后，我国基本上是以货币供应量作为货币政策中介目标。关于以货币供应量作为中介目标也存在一定的争议，夏斌和廖强（2001）认为由于以货币供应量作为中介目标，在实际操作中存在可控性和可测性不强，同时向最终目标的传导上也存在问题，因此建议放弃中间目标，采取直接盯住通货膨胀的方法。总结起来，我国自1995年以来就有较为清晰、正式的货币政策目标，但在实践操作中存在一定的瑕疵。

目标偏好：2003年12月颁布的《中国人民银行法》正式以立法的形式对人民银行的职能和在国民经济调控中的作用进行了界定，并表明央行的首要目标是维持物价稳定。因此，可以说，在理论上我国自2003年以后货币政策目标偏好就非常明确。但是在实际操作过程中，由于人民银行的政策独立性不强，易受其他主管机构和政策目标的干扰，在维持物价稳定目标外还需要兼顾增加就业、促进国际收支平衡、支持国企改革、保持国际储备、维持汇率稳定等多种功能，因此，我国的货币政策只是实现了有限度的政策目标偏好。

目标量化：虽然人民银行法规定的我国货币政策目标是维持币值稳定，但是我国一直没有对物价水平变动提出过具体的量化指标。直到2005年，我国才开始在每年的政府工作报告中提出具体的物价变动目标，并且一直持续至今。有鉴于此，在这个指标的得分上应考虑到这一点。表5-4给出了我国2005—2014年物价变动目标情况。

表5-4 2005—2014年通货膨胀目标情况

年份	物价指数
2005 年	居民消费价格总水平涨幅控制在 4%
2006 年	居民消费价格总水平涨幅控制在 3%
2007 年	居民消费价格总水平涨幅在 3% 以内
2008 年	居民消费价格总水平涨幅控制在 4.8% 左右
2009 年	居民消费价格总水平涨幅 4% 左右
2010 年	居民消费价格涨幅 3% 左右
2011 年	居民消费价格涨幅控制在 3.3%
2012 年	居民消费价格涨幅控制在 4% 左右
2013 年	居民消费价格涨幅 3.5% 左右
2014 年	居民消费价格涨幅控制在 3.5% 左右

数据来源：政府工作报告（2005—2014年）

（二）经济信息透明

经济数据：从完整性角度而言，决定货币政策走向的经济数据主要为物价指数、经济增长、货币供应、就业以及国际收支状况等。下面将主要从这几个数据的披露情况进行分析。一是物价指数。1987年1月份，我国开始公布月度的居民消费价格指数（CPI）数据，1995年1月份开始系统的公布月度价格指数数据，发布的形式一般是通过新闻发布会对外公布。二是经济增长。我国于1992年第1季度开始公布季度的GDP指数数据，但是GDP数据一直是按照累计核算的方式，2015年9月开始将季度核算方式由原来的累计核算改为分季核算。三是就业情况。国家统计局1978年开始公布年度的失业率数据，但是与国际上通用的调查统计失业率指标相比，我国目前公布的一般为城镇登记失业率，并且不包含农村失业情况。人力资源和社会保障部2003年第1季度开始公布季度的失业率数据。其实我国从2006年开始就采用抽样调查的方法统计失业状况，只是数据一直没有对外公布。自加入SDDS后，我国计划于

2016年开始，由国家统计局发布包含城镇和农村的调查就失业数据。四是货币供应情况。人民银行于1994年第3季度开始公布季度的货币供应量数据，以及信贷规模的月度数据。从1996年开始在每月中旬公布上一月份的一系列金融数据，这些金融数据包括货币供应量（M0、M1和M2及其增长率）、金融机构贷款（短期和中长期）、企业和居民存款以及外汇储备情况等。2002年人民银行开始按照国际货币基金组织《货币与金融统计手册》的规定，对我国的货币金融统计制度进行改革，并开始公布月度的货币供应量数据。五是国际收支情况。我国自1982年起开始公布年度的国际收支平衡表数据，1998年第1季度开始公布季度的国际收支平衡表数据。2014年1月起，开始公布以人民币计价的国际收支数据。外汇管理局于1952年起就开始公布外汇储备资产情况，并于1999年的12月开始公布月度的外汇储备资产情况，但是公布的及时性有待提高。例如国际收支平衡表数据基本没有满足下一季度内公布的要求。2015年7月中国人民银行开始发布官方储备、国际储备与外币流动性数据模板以及外债数据情况。目前公众可以很方便、及时地查询到宏观经济运行的重要指标数据，如GDP、CPI、失业率、货币供应量、国际收支数据等。

经济预测：人民银行一直以来都没有发布对重要宏观经济指标如经济增长、通货膨胀、国际收支、失业率等的预测。2014年央行开始在其网站上发布工作论文，对下一年度的宏观经济指标进行预测。但是，这种预测是以一种官方非正式的方式发布的，并且明确表明预测仅仅代表了作者的观点并不代表人民银行。因此，人民银行虽然有数据预测，但是预测工作才刚刚起步。

经济模型：目前很多发达国家和新兴市场经济国家都会有自己的宏观经济模型，并且会对外进行公布。比较有代表性的，如美联储的FRB/US模型[①]、加拿大银行的ToTEM（Terms-of-Trade Economic Model）模型、英格兰银行的BEQM（Bank Of England Quarterly Model）模型、欧洲央行的NAWM（New Area Wide Model）模型、巴西央行Samba（Stochastic Analytical Model With A Bayesian Approach）模型、芬兰央行的AINO模型、日本银行的JEM模型、

---

① FRB/US也被称为第二代宏观经济模型，第一代为MPS模型。

新西兰联储的RBNZ模型、比利时的NONAME模型、捷克的FPAS — QPM
模型以及国际货币基金组织的GEM（Global Economy Model）和GIFM（Global
Integrated Monetary And Fiscal Model）模型等。2001年第二季度开始，人民
银行开始使用以一般均衡理论为基础的"中国人民银行货币政策分析小组宏
观经济季度模型"对经济形势进行模拟和预测，人民银行虽然给出了模型的
主要组成部分，但是并没有给出模型的具体表达形式。因此，2001年第二季
度开始，对这个指标赋予0.25的得分。

（三）政策决策透明

政策策略：人民银行于1997年成立货币政策委员会，成员由中国人民
银行、国家发改委、财政部、外汇管理局、证监会、商业银行负责人以及金
融领域的专家组成。作为货币政策的咨询机构，货币政策委员会为宏观政策
调整、货币政策制定和货币政策调整提供决策支持。其职责是在全面分析国
内外经济形势的基础上，根据国家经济发展的要求，为货币政策目标制定、
货币政策工具选择、货币政策操作以及其他货币政策制定提供政策建议[①]。
1997—1998年货币政策委员会召开的是半年度会议。1999年1月开始召开季度
会议，并在会后以新闻稿的方式对外发布货币政策委员会的决议。发布的内
容主要包括当前经济金融形势的判断、上一期货币政策执行情况的回顾、下
一期货币政策的方向和工作重点以及会议参会情况。2005年第一季度人民银
行开始在其网站上发布新闻公告等，向公众披露和解释相关的货币政策。应
该说货币政策委员会后的新闻稿和新闻公告，为货币政策的未来走向指明了
方向，对于提高公众对货币政策的认识具有非常重要的意义。但是我国的货
币政策委员会没有决策权，会后发布的新闻稿中关于货币政策决策内容的介
绍过于简单，措辞较为固定和官方，向公众传达的内容有待进一步丰富。

会议纪要：2003年6月人民银行发布了《货币政策委员会会议制度》，规
定货币政策委员会应当以会议纪要的形式记录委员的各种政策意见和建议，

---

① 数据来源：中国人民银行网站（http://www.pbc.gov.cn/publish/huobizhengceersi）

会议纪要应作为附件和备案上报国务院①。虽然货币政策委员会有会议纪要，但是目前并不对外公布。

投票记录：在有关货币政策委员会的公告和规定中，并没有投票情况的介绍，当然也不会公开会议决策的投票记录情况。

（四）政策操作透明

政策评估：人民银行自2001年第一季度开始发布季度的《货币政策执行报告》，对前一阶段货币政策执行情况进行总结，对下一阶段货币政策可能走向给出建议，对货币信贷概况、金融市场运行与宏观经济运行和经济金融前景进行预测，同时就货币政策执行误差给出解释。目前《货币政策执行报告》已经成为社会各界对货币政策执行情况进行总结和未来政策走向进行预测的重要参考资料。

控制误差：中国人民银行一直没有披露控制误差的相关数据，这样公众既无法监督货币政策的执行情况，也无法理解货币政策偏离的原因，一旦货币政策效果没有达到预期目标，央行的操作很难得到公众的认可和理解。

政策工具：1998年以来，人民银行主要采取公开市场操作来调节货币供应量和利率水平。2001年央行开始在《中国货币政策执行报告》中披露货币政策操作工具，并且给出了采取各种政策工具的原因。表5-5给出了我国2001—2014年人民银行披露的货币政策工具。

表5-5　2001—2014年中国人民银行披露使用的政策工具

时间（年）	货币政策工具
2001	公开市场操作、信贷管理、再贴现政策
2002	公开市场操作、利率调节、信贷管理
2003	公开市场操作、法定存款准备金、利率调节、汇率调节
2004	公开市场操作、存款准备金、利率调节、窗口指导、信贷引导、外汇管理

① 数据来源：中国人民银行网站（http://www.pbc.gov.cn/huobizhengceersi）

时间（年）	货币政策工具
2005	公开市场操作、利率调节、信贷管理、外汇管理
2006	公开市场操作、再贴现、存款准备金、利率调节、窗口指导、外汇管理
2007	公开市场操作、存款准备金、利率调节、窗口指导、信贷引导、外汇管理
2008	公开市场操作、再贴现、存款准备金、利率调节、窗口指导、信贷引导、外汇管理
2009	公开市场操作、信贷管理、利率调节、外汇管理
2010	公开市场操作、存款准备金、利率调节、信贷管理、外汇管理
2011	公开市场操作、存款准备金、利率调节、窗口指导、信贷引导、外汇管理
2012	公开市场操作、再贴现、存款准备金、利率调节、窗口指导、信贷引导、外汇管理
2013	公开市场操作、常备借贷便利、再贴现、存款准备金、宏观审慎管理、外汇管理
2014	公开市场操作、常备借贷便利、中期借贷便利、再贴现、存款准备金、窗口指导、信贷引导、宏观审慎管理、外汇管理

数据来源：《中国货币政策执行报告》（2001年第一季度—2014年第四季度）

目前中国人民银行使用的常规货币政策工具包括公开市场操作、再贴现政策、存款准备金、窗口指导以及利率和外汇管理等。除此之外，人民银行还逐步推出了常备借贷便利、中期借贷便利和宏观审慎管理等创新型货币政策工具。

（五）评价结果

根据上文建立的指标评价体系，基于中国人民银行与公众交流沟通的实践情况，本书测度出了我国央行在信息公开方面的透明度状况，具体得分情况参见图5-1。

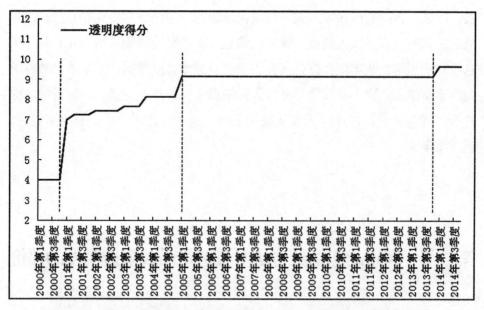

图5-1　基于指标体系方法的我国央行货币政策透明度评价结果[①]

通过对上图的分析，可以得出以下观点：一是2000—2014年间，我国货币政策在信息公开方面的透明度水平一直呈现上升趋势；二是透明度水平在2001—2005年，以及2014年后有明显提升，这与我国在2002年和2015年加入国际货币基金组织数据公布通用系统（GDDS）和数据公布特殊标准（SDDS）密切相关；三是虽然我国透明度水平一直在上升，但是离透明度设定的最高分16分之间还存在明显的差距，透明度提升的空间还很大。

虽然与SDDS规定的信息披露要求相比，我国的金融数据披露还存在时间滞后、频率较低以及信息可读性较差，披露的信息内容、信息频率、信息时效性、信息质量以及可读性等方面还存在问题。但是不可否认的是，我国货币政策的信息披露已经有了较为明显的进步。自中国人民银行完全从商业银行体系中独立出来后，中国人民银行就一直在采取措施提高政策透明度水平，

---

① 限于篇幅二级指标得分情况不再公布。

并且也取得了良好的效果。具体表现在以下方面：一是信息披露的媒介不断多样化，从开始的《金融时报》《中国金融》等报纸杂志，扩展到了报纸、年鉴、网站、新闻发布会等形式，公众获取信息的途径更加多元和方便；二是信息披露的时效性大大增强，政策或信息可获得时间间隔不断缩短，同时信息披露的频率也从年度数据提高到了季度数据或月度数据；三是信息披露的内容不断丰富，除了常规信息外，人民银行还会披露企业景气、银行家、储户等的问卷调查，披露的内容从政策目标、经济信息逐步扩大到决策过程、政策操作等。

第二节　利用动态指数方法对我国货币政策透明度的评价

指标体系方法主要强调了信息披露方面的透明度状况，没有反应市场对于信息的理解程度。因此，下面本书将运用动态指数方法评价我国的货币政策市场反应方面的透明度状况。在评价之前，首先介绍一下动态指数方法。

一、动态指数方法的原理

动态指数方法的原理是，假设在初始条件下市场利率与基准利率之间的差值为：

$$D_t = i_t^m - i_t^o，其中，D_t 表示t时刻的利差，i_t^m 表示市场利率，i_t^o 表示基准利率；\tag{5.1}$$

t+1时刻，经济形势出现了明显变动，央行采取了一项利率调整的政策，基准利率由 i_t^o 变为 i_{t+1}^o，市场主体如果能够理解央行的货币政策意图，他会采取相应的市场操作，进行资产的买卖，最终会影响市场利率的变动。

假设市场利率由T时刻的 i_t^m 变为T+1时刻的 i_{t+1}^m，此时，市场利率与基准利率的差值为：

$D_{t+1} = i_{t+1}{}^m - i_{t+1}{}^o$,其中，$D_{t+1}$为t+1时的利差，$i_{t+1}{}^m$和$i_{t+1}{}^o$为t+1时的市场利率和基准利率；

$$（5.2）$$

　　如果货币政策是完全透明的，基准利率的变动会完全传导至市场利率，市场重新均衡后的利差Dt+1与原来的利差Dt应当趋于一致。但是如果货币政策不是完全透明的，那么市场利率的变动与基准利率的变动就会出现偏差，一般来讲，透明度水平越高偏差越小，透明度水平越低偏差就越大。因此，我们可以通过测度基准利率变动前后，基准利率与市场利率差值的变动情况来测度货币政策的透明度状况，计算公式如下：

$\Delta D = |D_t - D_{t-1}|$,其中，$D_t$和$D_{t-1}$分别表示t和t-1时刻基准利率与市场利率的差值

$$（5.3）$$

　　但是这种方法计算的透明度指数没有连贯性，无法进行后续分析。Kia,A.和H.Patron于2004年提出的基于事件分析法计算的货币政策透明度动态指数，建立了一种连续动态的计算方法，有效地解决了这一问题。他们的方法又称为A-H方法，目前被广泛应用于货币政策透明度的测算中。A-H方法测算货币政策透明度的步骤如下：

　　首先，计算事件日（基准利率变动宣布或公告日期）的利率差值变动情况：

$\Delta D = |D_t - \overline{D_{t-1}}|$,其中，$\overline{D_{t-1}}$表示两个事件日之间每天基准利率与市场利率差值的算术平均值

$$（5.4）$$

　　其次，计算非事件日利率差值变动，我们采用一个预测值或预估值来近似表达利率差值变动情况：

$$\Delta D = \left| D_t - \frac{\sum_{i=1}^{j} D_{t-i}}{n} \right|$$,其中，$\sum_{i=1}^{j} D_{t-i}$表示上一事件日至当前每天基准利率与市场利率差值的和；

$$（5.5）$$

　　n表示上一事件日至最近一个事件日之间的天数。

　　最后，利用差值变动计算透明度。为了观察的方便，我们对差值变动取倒数，具体计算公式如下：

$$T_t = \frac{100}{e^{|\Delta D_t|}}，其中 T_t 表示透明度指数，\Delta D_t 表示差值变动情况。$$

（5.6）

二、动态指数方法经验做法

动态指数方法在操作中首先需要确定以下问题：一是计算方法，二是事件日，三是基准利率和市场利率的选取。表5-6给出了国内外学者在操作中的经验做法。

表5-6 动态指数方法指标选取情况

学者	研究方法	事件日	基准利率	市场利率
Ellingsen,Söderström（2001）	差值法①	官方利率变动公告日	官方存款利率	债券利率
Cochrane,Piazzesi（2002）	差值法	对联邦基准利率有影响的事件日	联邦基准利率	联邦市场债券利率
Howells,Mariscal（2003）	差值法	官方利率变动公告日	官方存款利率	同业拆借利率
Kia,A.,H.Patron（2004）	事件分析法	联邦基金目标利率变动日、公开市场委员会会议日	联邦基准利率	同业拆借利率
刁节文和贾德奎（2006）	事件分析法	央行改变利率的政策例会日、公开市场委员会会议日	银行间债券市场利率	银行间同业拆借利率
尹宝亮（2007）	事件分析法	法定准备金率和商业银行存贷款利率变动日、货币政策执行报告日等	沪深综合指数涨跌均值	沪深综合指数

---

① 差值法是指通过测度事件日前后官方利率与市场利率差异程度测算透明度状况。

续表

学者	研究方法	事件日	基准利率	市场利率
陆蓓（2008）	事件分析法	货币政策委员会例会、《货币政策执行报告》公布尔日、存贷款利率和准备金调整日、央行官员的公开讲话日	7天银行间债券利率	银行间隔夜同业拆借利率
刁节文和王铖（2009）	事件分析法	货币政策例会日、准备金率调整日、银行存贷款利率调整日以及人行领导重要讲话日等	7天银行间债券交易利率	银行间隔夜拆借利率
陈静（2010）	事件分析法	对银行间同业拆借利率有影响的事件日	7天银行间债券质押回购利率	银行间同业拆借利率
徐平（2011）	事件分析法	央行公布利率变动日、货币政策执行报告日和货币政策例会日	涨跌指数均值	沪深综合指数
魏永芬（2011）	事件分析法	货币政策委员会例会、调整目标利率	短期国债利率	同业拆借利率
张旻苏（2013）	事件分析法	利率调整、央行例会、政策执行报告发布、央行负责人讲话、参加重要会议及接受专访日等	银行间债券市场交易利率	银行间同业拆借利率
杨姝（2013）	事件分析法	利率和准备金率变动、货币政策例会、央行领导重要讲话、重要的新闻发布会等事件的日期	7天银行间债券交易利率	7天银行间同业拆借利率

从以上的总结可以发现以下几点：一是早期的研究主要采用了差值方法，之后的研究则主要采用了事件分析方法，目前国内主要采用事件分析法对货币政策透明度进行测度；二是在事件日的选取方面学者之间存在一定的分歧，公开市场委员会和货币政策例会是最常见的事件日指标；三是在市场利率的

选择方面大多采用银行间同业拆借利率，在基准利率方面普遍采用目标政策利率和债券利率。

三、计算方法和评价指标选取

在进行货币政策透明度动态评价前首先要确定计算方法和评价指标。

计算方法：目前国内外主流的计算方法就是事件分析方法，通过事件分析方法计算得出的透明度指数是一个时间序列数据，有利于后续的研究，本书就采用这种方法。

利率选取：在基准利率和市场利率的选择方面，遵循以下原则：一是备选利率指标必须对市场敏感度较高，能够体现市场对于信息的反应；二是在市场交易中占的比例较大，使得检验结果具有代表性；三是具有较为稳定的期限结构关系，使得核算结果更加准确。按照以上原则，并参照已有研究的经验，银行间债券市场利率和银行间同业拆借利率是基准利率和市场利率的最优指标。我国从1984年开始建立同业拆借市场，并于1996年开始形成全国统一的市场。近年来，银行间债券市场和同业拆借市场发展迅速，交易品种不断丰富。按照期限不同，同业拆借市场和债券市场又包含不同的利率交易品种，以同业拆借利率为例，就包括了IB0001（1天）、IB0007（7天）、IB0014（14天）、IB0021（21天）、IB01M（1个月）、IB02M（2个月）、IB03M（3个月）、IB04M（4个月）、IB06M（6个月）、IB09M（9个月）和IB01Y（1年）等品种。就交易量而言，全国债券回购交易在2004年前，7天交易品种是最主要的交易品种。以2004年为例，7天银行间市场债券质押式回购交易量占总交易量的58%，远超其他交易品种。2005年开始隔夜银行间市场债券质押式回购成为主要交易品种，但是7天银行间市场债券质押式回购交易量占比也很高，成为继隔夜产品后主要的交易品种，并且远超其他交易品种。以2014年数据为例，隔夜债券回购交易占比79%，7天债券回购交易占比14%。全国银行间同业拆借市场在2006年前，7天交易品种是最主要的交易品种。以2006年为例，7天同业拆借交易和隔夜同业拆借市场占总交易量的比重分别为58%和28%。2007年隔夜交易品种开始成为最主要的交易品种。以2014年为例，隔夜拆借产品和7天拆借产品占交易量的比重分别为78%和16%，并且远超其他交易品种^①。根据研究的需要和数据的可得性，同时也考虑到期限结构的稳定性，我们最终选定7天银行间债券交易利率（R007）作为基准利率，选定7天银行间同业拆借利率（IB007）作为市场利率。

事件日选取：由于中国人民银行并不公布银行间债券市场（即本书的基准利率）目标，因此在事件日的选择上，主要选取对基准利率有重要影响的事件。已有研究在事件日的选取上存在很多遗漏，虽然有些研究将央行主要领导的讲话归为重要事件日，但是在实际计算中往往又出现了遗漏。本书根据事件日选取的原则，并参照已有研究成果，最终确定重要事件如下：人民银行发布货币政策执行报告、召开货币政策委员会例会、宣布变动法定存款准备金和超额存款准备金率、宣布调整商业银行存贷款利率、宣布调整美元等外币小额存款利率、人民银行主要领导^②参加重要的国内外会议、参加新闻发布会、接受重要媒体采访等发布有关于信贷和货币市场的讲话、人民银行新闻发言人召开新闻发布会、参加记者招待会就信贷和货币市场发表讲话、央行举办的座谈会及其有关于信贷和货币政策的会议等。

数据来源：事件日来源于中国人民银行网站、货币政策执行报告、《中国货币政策大事记》、国务院新闻办公室网站等。基准利率和市场利率数据来源于CCER中国经济金融数据库、中国货币网，并经计算整理而得^③。

四、利用动态指数方法的评价

利用动态指数方法，本书对我国2000—2014年的货币政策透明度状况进行了测算。按照事件分析法的计算规则，本书给出了我国货币政策日度和季

---

① 数据来源：中国人民银行网站，并经作者计算整理而得。

② 根据研究的需要，本书研究中的人民银行主要领导包括人民银行行长、副行长以及行长助理。

③ 特别说明：由于节假日和周末等非操作日期的存在，利率数据出现了很多缺失，本书对缺失数据做了删除处理。

度[①]的透明度指数，如图5-2所示。

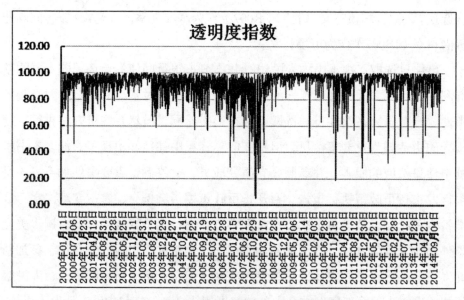

图5-2　动态指数法计算的日度透明度指数

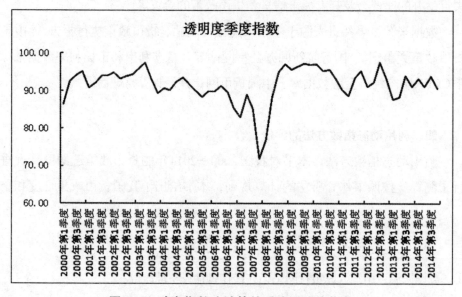

图5-3　动态指数法计算的季度透明度指数

---

① 季度数据是通过对日度数据加权平均的方法获得。

根据动态指数法计算的透明度指数情况（见图5-3）来看，我国的货币政策透明度在2000—2014年间呈现以下特点：一是波动幅度较大，尤其是在2007年第三季度—2008年第一季度之间透明度指数出现严重下滑，之后在2009年第一季度回复到相对正常的水平；二是除异常波动区间外，其他时间的透明度指数均保持较高水平，表明市场对于信息披露的理解较为及时和充分。

第三节　货币政策综合透明度指数评价

Geraats（2002）、刁节文和贾德奎（2006）等认为，货币政策透明度是货币当局与公众之间就非对称信息的交流沟通程度或者说是掌握信息的对称程度。Haan和Amtenbrink（2003）就指出，虽然欧洲央行在透明度上的得分相当高，但是仍有很多迹象显示，公众并不能完全理解欧洲央行的货币政策。因此，从以上的分析我们可以发现，货币政策透明度应该包含两层意思：第一层意思是强调央行对于信息的披露和公开情况；第二层意思是强调公众对于已披露信息的理解。提升货币政策透明度从目的和本质上来讲，是为了减少货币当局与公众之间的信息不对称，减少公众对于货币当局政策意图的误读和误判，提高货币政策的效率和效果。从这个角度来讲，货币政策透明度的状况应该既包括央行对公众的信号发送（第一层含义），也包括公众对于央行信号的接收（第二层含义），两者缺一不可。如果过分关注于某一方面，而忽视另一方面，则必然会造成评价的偏差。例如A央行有10单位信息，向公众披露了2单位信息，公众完全理解了央行发布的信息；而B央行有10单位信息，向公众披露了4单位信息，公众只理解了披露信息的1/2。如果从信息披露方面来看，B央行的透明度水平高于A央行，从公众理解的角度来看，A央行的透明度水平高于B央行。但是按照货币政策透明度的定义和实质来看，A央行和B央行的公众都接收到了2单位信息，央行与公众之间的信息不对称减少了2个单位，因此两者的透明度水平是一样的。

目前国内外主要的透明度评价方法中，问卷调查法和指标体系法强调的是货币政策透明度的第一层意思，而市场反应和动态指数方法则主要强调了第二层意思，因此评价并不全面。为了克服以上评价的缺陷，本书拟建立透明度评价的综合指数，将央行的信息披露和市场的反应结合起来，综合评价我国的货币政策透明度状况。

本书首先对利用指标体系和动态指数得到的透明度指数进行归一化处理[①]，然后对归一化处理后的数据进行加权，参照透明度的定义，使用指标相乘的方法，最后计算得出了我国货币政策透明度的综合指数。

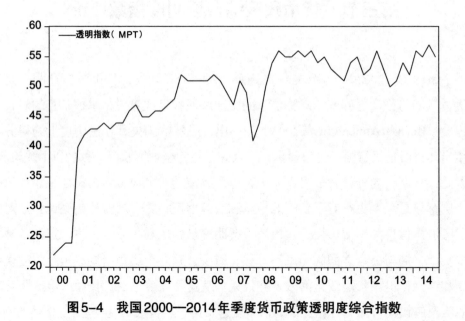

图5-4 我国2000—2014年季度货币政策透明度综合指数

从货币政策透明度综合指数图的走势情况（见图5-4），可以得到以下结论：一是2000—2014年我国的货币政策透明度整体上呈现上升的趋势，这表明人民银行一直在采取各种措施提高货币政策透明度，在政策沟通和交流方面做了大量的工作；二是货币政策透明度平均得分为0.48，透明度水平还有待

———————

① 限于篇幅，归一化处理结果不再报告。

进一步提升，目前我国的货币政策信息披露与国际货币基金组织数据公布特殊标准(SDDS)的要求还有很大差距；三是货币政策透明度受经济危机的冲击和影响较大，以2007年开始的美国次贷危机为例，货币政策透明度出现了较为明显的下滑。

第四节　本章小结

一、研究结论

通过对我国货币政策透明度的评价研究，我们发现，2000—2014年间我国货币政策透明度的水平是不断提升的，人民银行也越来越重视与公众的沟通和交流，通过货币政策执行报告、货币政策委员会会议公告、领导讲话、网站交流等方式向公众传递有关政策信息。货币政策透明度的提升一方面满足了公众对货币政策信息的需要，另一方面也有助于正确引导公众的预期，减少虚假信息对于市场和公众的误导，避免市场由此导致的剧烈波动。因此，提升政策透明度具有非常重要的意义。

但是我国的货币政策透明度建设也存在很多的问题，作为货币政策主管机构的人民银行缺乏政策独立性是其中主要原因之一[①]。《中国人民银行法》（2003年12月27日）第一章第二条规定"中国人民银行在国务院领导下，制定和执行货币政策，维护金融稳定"，这从性质和职能定位上就说明我国央行在独立性方面受到了很大的限制。由于缺乏政策独立性及其他因素的影响，我国的货币政策透明度存在以下问题：

一是我国的货币政策目标不够明确和清晰。不同于西方发达国家的以维

---

① 由于本书研究的是我国货币政策透明度问题，并不限于研究中央银行的货币政策透明度，因此，在本书的研究中，央行缺乏独立性的问题并不影响本书对于我国整体货币政策透明度状况的评价。

持物价稳定为基础，进而实现经济增长的单一货币政策目标。虽然中国人民银行法中对于货币政策目标有清晰的界定，但是实际操作中往往要兼顾很多目标，例如经济增长、物价稳定、促进就业、推进改革、扩大储备、稳定汇率等等。货币政策目标不但繁多，而且缺乏清晰定位。也正因此，我国的央行也被市场戏称为"央妈"。

二是政策委员会没有发挥应有的效力。首先，虽然我国在1997年就建立了货币政策委员会，但是与国外的货币政策咨询和决策机构相比，我国的货币政策委员会目前还不具备决策职能，而仅仅是议事咨询机构，这就决定了货币政策委员会的决议对于公众预期的引导是缺乏效力的。其次，由于我国货币政策委员会决议过程不明确（一般不公布会议纪要和详细的会议记录，也不会公布货币政策委员的投票情况等）、定期会议的频率较低、发布的决议原则性描述过强以至于缺乏对于公众的引导。最后，货币政策委员会组成人员中很多都是政府官员，专家和业界人员数量偏少，很难真正发挥科学决策和咨询的作用。因此我国的货币政策委员会在引导公众预期方面，与国外央行相比还存在很大差距。

三是信息披露与国际货币基金组织SDDS标准还存在一定差距。首先，我国很多关键数据的披露和预测并不是出自人民银行。例如，经济增长和通货膨胀的数据来源于国家统计局和国务院的政府工作报告；其次，对外公布数据的完整性和及时性有待提高。人民银行侧重于对政策目标、金融数据等的披露，但是对于政策制定过程、政策走势、利率走势、预测模型等方面信息的披露较少，做法较为保守和谨慎；最后，央行公布的预测和决策信息经常使用比较原则性和官方性的措辞，使得公众很难从这些公告或新闻发布会中准确领悟到央行的政策意图，从而对央行货币政策走向做出正确的判断。

综上所述，无论是从信息披露的数量和质量上，还是市场对于已披露信息的反应程度上来看，我国货币政策透明度的提升还有很长一段路要走。

二、研究展望

本书基于中国货币政策的实际，将指标体系方法和动态指数方法相结合，对我国货币政策透明度状况进行了评价。本书的研究一方面为我国货币政策透明度评价提供了一个全新的视角，另一方面也有助于把握我国货币政策透明度的变化情况，为货币政策实践提供了参考和借鉴。因此，本书的研究具有非常重要的理论意义和现实意义。

但是，正如所有指标体系构建中面临的问题一样，本书的指标体系也存在主观性的问题。同时由于信息传递的工具和方式是多样的，很多沟通渠道之间不可避免地存在一些替代性的问题，这也是本书研究的不足之处。

第六章 我国货币政策透明度影响因素研究

2016年3月十二届全国人大四次会议和全国政协十二届四次会议在北京召开，与以往会议相比，这次会议非常突出的一个特点就是各级政府部门与公众和媒体的交流沟通力度大大增强。"部长通道"引发媒体广泛关注，国务院各部委的主要领导面对公众和媒体的提问有问必答，信息沟通的数量和质量都大大提升。其实，早在2016年两会前，国务院总理李克强就要求国务院各相关部门负责人要积极响应舆论关切，主动释放信息，稳定市场信心。不仅仅是中国，放眼全球，包括发达国家经济体、新兴市场经济体和发展中国家经济体在内的世界主要经济体都在采取措施加强与公众的交流和沟通。加强信息披露和公开、提升政策透明度俨然成为一种趋势。

但是通过对货币政策透明度的测度和评价，我们发现世界各国的政策透明度水平是有明显差异的。各国透明度水平互不相同，并且在经济、政治等方面存在着千差万别的特殊性，那么哪些因素导致了透明度的差异？货币政策透明度又受哪些因素影响？回答上述问题，一方面这有助于理解各国货币政策透明度差异的原因；另一方面也为货币政策透明度的调整提供了理论基础。本书是目前国内首次对货币政策透明度影响因素进行的定量研究，也是国内外第一次运用DAG和SVAR模型相结合的方法进行的定量研究。

第一节 理论模型和数据说明

本章主要研究货币政策透明度的影响因素问题，现就相关的模型介绍如下，同时对文中使用的指标和数据进行简要的介绍。

一、理论模型

本章中主要是基于结构化向量自回归模型（SVAR）和有向无环图（DAG）进行分析，下面将会简要介绍这两个模型。

（一）结构化向量自回归模型（SVAR）

自Sims（1980）提出向量自回归模型（简称VAR模型）后，因为其在参数回归方面具有的优势，所以被广泛运用于计量分析中。但是该模型也存在很多问题，如模型的建立不以经济理论为基础，不分析回归参数的经济意义；对参数不施加零约束，模型待估参数过多；模型不包含任何当期变量，不能考察变量当期之间的关系等。基于此，Blanchard和Perotti（1999）提出了一种结构化的向量自回归模型（structural vector auto regression model），简称SVAR模型。该模型基于一定的经济理论，将经济理论中变量之间的结构性关系引入标准的VAR模型中，即在VAR模型中加入具有单向因果关系的内生变量当期值。SVAR模型可以体现出变量之间当期的结构性关系，并且对待估参数进行了结构化约束，很好地解决了标准VAR模型存在的一些问题。

若令滞后阶数为k，变量个数为n，则VAR模型的一般形式可用下式表示：

$$Y_t = C_t + \sum_{i=1}^{k} \Pi_i Y_{t-i} + v_t, \quad v_t \sim \text{IID}(0, \Omega)$$

（6.1）

其中，Y_t表示由第t期观测值构成的n维列向量，C_t表示由截距项构成的n维列向量，Π为n*n系数矩阵，v是由随机误差项构成的n维列向量，并且随机误差项v_t（t=1,2,…n）为白噪声过程。

$$\begin{cases} Y_t = (y_{1,t} \quad y_{2,t} \cdots y_{n,t})^T \\ v_t = (v_{1,t} \quad v_{2,t} \cdots v_{N,t})^T; \quad \Pi_i = \begin{bmatrix} \pi_{11.i} & \pi_{12.i} & \cdots & \pi_{1n.i} \\ \pi_{21.i} & \pi_{22.i} & \cdots & \pi_{2n.i} \\ \vdots & \vdots & \ddots & \vdots \\ \pi_{N1.i} & \pi_{N2.i} & \cdots & \pi_{nn.i} \end{bmatrix}, i=1,2,\cdots k \\ C_t = (c_{1,t} \quad c_{2,t} \cdots c_{n,t})^T \end{cases}$$

（6.2）

在标准VAR模型中加入具有因果关系的当期变量就变成了SVAR模型，模型如下所示：

$$A_t Y_t = C_t + \sum_{i=1}^{k} \Pi_i Y_{t-i} + \sum_{i=0}^{k} B_i X_{t-i} + v_t, \ v_t \sim \text{IID}(0, \Omega)$$

（6.3）

估计SVAR模型需要对模型的结构式A和B做施加约束，一般而言，对于n元P阶的结构化模型需要对结构式施加$[n(n-1)]/2$个约束条件，才能识别出结构冲击（刘金全，2000）。对扰动项的结构式进行正确的设定是后续运用SVAR模型进行方差分解和脉冲响应等分析的基础，因此非常重要。目前研究中对结构化模型进行约束，一般是根据经济理论进行直观的判断，但是这种方法带有很强的主观色彩，缺乏科学依据（Norman和Granger，1994）。因此研究方法亟待改进，有向无环图（DAG）方法的出现很好地解决了这一问题。

（二）有向无环图（DAG）

其实在DAG方法出现以前，研究变量之间因果关系比较常用的方法是进行格兰杰因果关系检验。该方法是由英国著名经济学家格兰杰（Granger，1969）提出的。格兰杰非因果性检验指的是，若加上x_t的滞后变量后对y_t的预测精度不存在显著性改善，则称x_{t-1}对y_t存在格兰杰非因果性关系，为简便，通常把x_{t-1}对y_t存在非因果关系表述为x_t对y_t存在非因果关系（严格讲，这种表述是不正确的）。但是从定义上我们就可以发现格兰杰因果关系检验存在以下两个问题：一是格兰杰因果检验是检验统计上的时间先后顺序，并不表示这两个变量之间存在真正的因果关系，具体还要依据模型和经济理论进行解释（庞皓和陈述云，1999）；二是格兰杰的因果关系检验通常检验的是滞后期变量之间的相关关系，无法检验当期因果关系。

正是基于此，Pearl(1995)和Hoover(2003)等提出了有向无环图（directed acycline graph）的方法，可以用于分析变量之间的当期因果关系。该方法是通过分析扰动项无条件相关系数和偏相关系数（条件相关系数）之间的关系来确定变量之间的当期因果关系。检验过程如下：

步骤1：建立相关性关系的原假设。首先建立无向完全图，即变量之间通过无方向的线连接在一起，假设变量之间存在着同期的因果关系。

步骤2：运用PC算法对变量之间的关系进行筛选分析。首先通过回归残差的相关系数矩阵进行第一次筛选测算，如果变量之间的相关关系没有通过显著性检验，则删掉变量之间的连线，说明变量之间不存在同期因果关系。其次运用回归残差的偏相关系数进行第二次筛选测算，如果相关关系没有通过显著性检验则删掉。以此类推，直至进行第N-2阶偏相关系数显著性检验。在整体相关性检验中，经常使用的是Fisher提出的Z统计检验量（Awokuse，2003），该检验表达式如下所示：

$$z[\rho(i,\ j|k),n] = \frac{1}{2}\sqrt{n-|k|-3} * \{\ln[1+\rho(i,\ j|k)] - \ln[1-\rho(i,\ j|k)]\}$$

（6.4）

其中ρ（i,j|k）表示以k个变量为条件的变量i和变量j之间的总体相关系数，n表示样本量。

步骤3：识别变量之间因果关系的方向。关于因果关系方向的识别，运用的是相邻集和隔离集的概念。在无向完全图中，如果经过删边后两个变量之间仍然保留连接线，表明两个变量之间存在相关关系，并且变量之间是相邻的，如X–Y。如果三个变量之间存在如下关系X–Y–Z，且以Y为条件的X与Z偏相关系数为0，则说明变量Y是变量X与变量Z的隔离集。即ρ（X,Z|Y）=0。给出以上定义以后，我们有如下推论：当无向完全图为X–Y–Z，X与Y相邻，Y与Z相邻，但是X与Z不相邻，如果Y不是X与Z隔离集，那么三个变量之间的相关关系方向为X→Y←Z；当无向完全图为X–Y–Z，X与Y相邻，Y与Z相邻，但是X与Z不相邻，如果已知X→Y，那么Y与Z的同期因果关系为Y→Z（Johansen，1991；Yang等，2006）。

步骤4：结果解释。通过建立原假设，并运用PC算法删边和定向，最终我们可以得到变量之间的因果关系有向无环图。总结起来，变量之间一共存在以下几种情况：

$$\begin{cases} X\ \ Y\text{表示变量X与Y之间不存在当期因果关系；} \\ X\text{-}Y\text{表示变量X与Y存在当期因果关系，但是方向不明确；} \\ X \to Y\text{表示存在由X到Y的单项当期因果关系；} \\ X \leftrightarrow Y\text{表示存在由X到Y的双向当期因果关系。} \end{cases}$$

（6.5）

步骤5：过度识别检验。在进行有向无环图DAG的分析后，我们需要运用sims（1986）提出的似然比检验方法，对DAG的分析结果进行检验。检验方法如下：

$$LM = T\{\ln[\det(\mathrm{cov}_1)] - \ln[\det(\mathrm{cov}_2)]\}; \quad LM \sim \chi 2(\frac{c_n^2}{2} - m)$$

（6.6）

其中，det代表对矩阵求行列式，ln表示对结果取对数，cov1代表约束条件下残差协方差矩阵，cov2代表无约束条件下残差协方差矩阵。LM服从自由度为（$\frac{c_n^2}{2} - m$）的卡方分布，其中n表示内生变量个数，m为约束条件个数。

与以往通过经验判断决定SVAR模型结构式的约束不同，有向无环图基于扰动项的相关系数和偏相关系数的检验，避开了经验分析的主观性，确保了SVAR模型后续研究的科学性和合理性。

二、指标选取

根据已有研究的基础，结合我国的实际情况和数据可得性，我们最终选择经济增长、通胀水平、金融深化和开放度作为影响货币政策透明度的主要参考变量[①]。

其中经济增长变量我们选用人均国内生产总值表示（per capita gross domestic product，简写PCG），等于GDP/总人口，并对其取对数；历史通胀水平（past inflation level，简写PIL）变量选用滞后一期消费者价格指数表

---

① 本书之所以没有选择政治类的因素，主要是由于，一方面政治性因素的影响并不显著，另一方面政治数据的公布主要是来源于美国、英国等统计机构，数据统计存在问题。如民主化指数来自美国中央情报局政治不稳定工作小组的调查数据，数据显示我国民主化指数从1977—2014年一直为-7，没有任何变化，这显然是严重不符合我国民主化进程实际的。经济学人智库也曾经给出了民主化的数据，但是只公布了2006—2012年的数据，并且是以2年为一个周期。法律法规、政治稳定、话语权和问责制、政府效率等指标均来源于全球治理数据库，目前公布数据跨度为1996—2014年，是以2年为一个周期。

示，等于cpi(−1)，金融深化（The finance deepening，简写TFD）选用货币供应占GDP的比重表示，等于M2/GDP；开放度又称对外贸易指数（external trade index，简写ETI）选用进出口总额占GDP的比重表示，等于进出口总额/GDP。

关于货币政策透明度，本书采取了与以往研究完全不同的方法，首先运用指标体系方法评价了我国货币政策信息披露的透明度，其次运用动态指数方法测度了市场反应的透明度，最后将两种方法下测度的透明度状况进行归一和标准化处理并加权求和，得到总的透明度指数。该计算方法一方面借鉴了已有的研究，另一方面也更符合IMF等关于货币政策透明度定义的两层含义，计算结果更为合理和科学。图6-1给出了我国2000年第一季度—2014年第四季度的货币政策透明度状况。

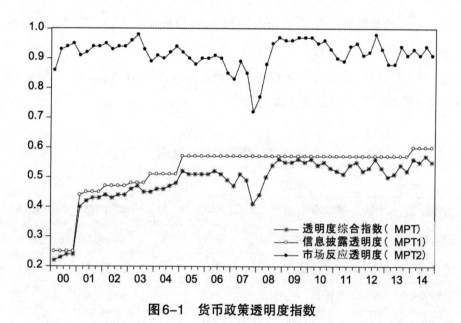

图6-1 货币政策透明度指数

从图6-1中可以看出，我国的信息披露透明度水平在2001—2002年之间出现较为明显的上升，2002—2005年缓慢上升，而2006—2013年我国信息披露的货币政策透明度均没有出现明显变化，2014年后开始出现明显上升。其中2001—2002年、2014年左右的快速上升与我国加入国际货币基金组织信息公布通用系统（GDDS）和数据公布特殊标准（SDDS）密切相关。市场反应的透明度水平一直保持较高水平，并在2007—2008年出现明显下滑，这与美国次贷危机引发的全球性经济危机密切相关。综合指数充分反映了两种透明度变化的信息。

三、数据说明

（一）数据来源

本章采用了2000年第1季度—2014年第4季度的季度数据。其中货币政策透明度指标数据来源于人民银行网站、CCER经济金融数据库并经作者计算整理而得。经济增长、总人口、物价指数、货币供应（M2）数据来自wind数据库。另外，国家统计局人民币计价的月度进出口贸易总额是2012年开始的，国家外汇管理局人民币对美元的月度汇率数据是从2002年1月开始，因此，本书的进出口总额数据选取了国际统计局公布的以美元计价的进出口总额数据，并通过汇率进行折算，最终得出了我国2000—2014年的以人民币计价的进出口总额数据，其中美元计价的进出口总额数据来源于wind数据库，人民币对美元汇率数据来自美联储经济研究局网站[①]。

表6-1　指标变量一览表

变量	指标	符号	计算方法
货币政策透明度	透明度指数	MPT	两类透明度加权求和
经济增长	人均GDP	PCG	Log(GDP/总人口)
历史通货膨胀	居民消费价格指数	PIL	CPI(-1)
金融深化	货币供应占比	TFD	M2/GDP
开放度	贸易依存度	ETI	(IM+EX)/GDP

注：log表示取对数；cpi表示零售价格指数，（-1）代表滞后一期；M2表示货币供应；IM表示进口总额，EX表示出口总额；

---

① 美联储经济研究局网站（http://research.stlouisfed.org/fred）

（二）数据描述

在进行实证分析前，有必要首先对样本数据进行统计性的描述，以观察各变量的数据特征，具体情况如表6-2所示。

表6-2　变量统计描述表

	MPT	PCG	PIL	TFD	ETI
均值（μ）	0.484	8.484	2.270	18.567	0.503
中位数（Md）	0.510	8.524	2.115	18.248	0.485
最大值（Max）	0.570	9.477	8.122	24.485	0.712
最小值（Min）	0.220	7.423	−1.540	14.232	0.330
标准差（S）	0.081	0.609	2.251	2.235	0.096
变异系数（CV）	0.168	0.072	0.991	0.120	0.191
偏度 Skewness	−1.890	−0.042	0.575	0.472	0.406
峰度 Kurtosis	6.557	1.667	2.919	2.760	2.147
正态分布 J-B 检验	67.347 [0.000]	4.462 [0.107]	3.327 [0.189]	2.374 [0.305]	3.463 [0.177]

注：[]内为p值；变异系数＝标准差/均值；J-B 统计量在 5% 和 1% 显著水平下的临界值分别为 5.99 和 9.21。

从表6-2中可以发现：一是pcg的变异系数最小，稳定性最高，而pil的变异系数最大，稳定性也最差；二是三个变量均不属于对称分布，其中pil、tfd和eti的偏度值大于0是左偏倚，mpt、pcg的偏度值小于0，属于右偏倚；三是从峰度值来看，由于pcg、pil、ted和eti变量的峰度值小于3，较标准的正态分布更为陡峭，mpt的峰度值大于3，较标准的正态分布更为平缓；四是在5%的显著性水平下，除mpt外各变量相伴概率值均小于设定的显著性水平，则拒绝原假设，样本服从非正态分布。图6-2给出了各变量的核密度图，清晰地表述了各变量的分布情况。

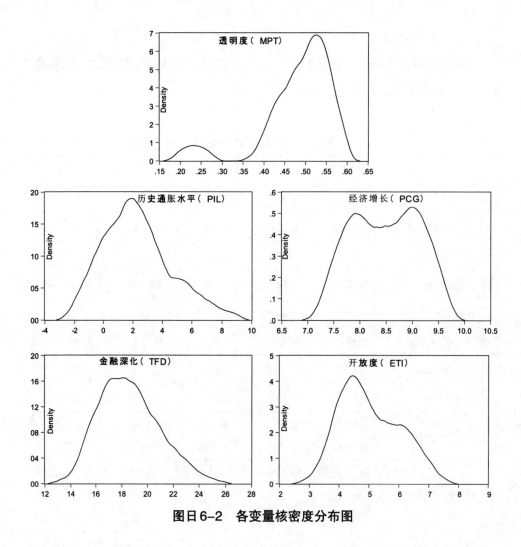

图日6-2　各变量核密度分布图

第二节　实证检验和结果分析

一、平稳性检验

在进行分析之前，必须首先对各变量进行平稳性检验，以确定数据的平稳性。单位根检验是平稳检验中普遍采用的一种检验方法。本书采用了最常用的ADF单位根检验方法，同时考虑了截距项、截距项和趋势项、无截距项和趋势项三种情况，检验结果如表6-3所示。

表6-3　变量单位根检验（ADF）

变量	检验类型 (c,t,k)	ADF统计量	ADF 检验临界值（显著性水平）			P值	结论[1]
			1%水平	5%水平	10%水平		
mpt	(c,0,0)	−3.462	−3.546	−2.912	−2.594	0.013	数据不平稳
pcg	(c,0,5)	−1.049	−3.557	−2.917	−2.596	0.729	数据不平稳
pil	(c,0,8)	−2.115	−3.565	−2.920	−2.598	0.240	数据不平稳
tfd	(c,1,5)	−1.652	−4.137	−3.495	−3.177	0.759	数据不平稳
eti	(c,1,5)	−1.876	−4.137	−3.495	−3.177	0.653	数据不平稳
△ (mpt)	(0,0,1)	−5.617	−2.606	−1.947	−1.613	0.000	数据平稳
△ (pcg)	(0,0,3)	−4.112	−2.608	−1.947	−1.613	0.000	数据平稳
△ (pil)	(0,0,7)	−6.092	−2.611	−1.947	−1.613	0.000	数据平稳
△ (tfd)	(0,0,4)	−3.249	−2.608	−1.947	−1.613	0.002	数据平稳
△ (eti)	(0,0,4)	−2.972	−2.608	−1.947	−1.613	0.004	数据平稳

注：检验类型中c代表有无截距项，t代表有无趋势项(t=1代表有趋势项，t=0代表五趋势项)，k代表滞后期。***、**、*分别表示在1%、5%、10%的水平上显著。△表示一阶差分。检验中的最优滞后期根据赤池信息准则决定。

通过对ADF检验结果的分析，我们可以得到以下结论，在5%的显著性水平下，三个变量均为非平稳变量，对变量进行一阶差分后，数据变为平稳变

---

[1]　该结论是建立在显著性水平为5%的基础之上的。

量。据此可知各变量均为一阶单整 I（1）过程。

二、协整检验和误差修正模型

（一）模型稳定性检验和最优滞后期

建立VAR模型首先要满足平稳性的假定，平稳性要求通用特征方程的特征根均要位于单位圆以内，稳定性检验结果如图6-3、图6-4所示。

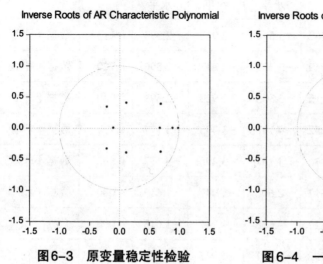

图6-3　原变量稳定性检验　　　　图6-4　一阶差分后稳定性检验

由稳定性检验可知原变量的单位根有一个位于单位圆之外，var模型不满足稳定性的要求。差分后的特征根均位于单位圆内，表明差分后的模型满足稳定性要求，可以进行脉冲响应、方差分解等后续的计算和分析。

建立VAR模型除了要满足平稳性条件外，还应该确定滞后期k值。如果滞后期太少，误差项的自相关会很严重，并导致参数的非一致性估计。但从另一方面看，k值又不宜过大，k值过大会导致自由度减小，直接影响模型参数估计量的有效性。本书采用了LR、FPE、AIC、SC、HQ等多种方法对最优滞后期进行了检验，检验结果如表6-4所示。

表6-4　var模型滞后期检验结果

Lag	LogL	LR	FPE	AIC	SC	HQ
0	201.159	NA	0.000	−7.133	−6.951	−7.062
1	238.533	66.594	0.000	−7.583	−6.488	−7.160
2	257.362	30.127	0.000	−7.359	−5.351	−6.582
3	334.297	109.108	0.000	−9.247	−6.327	−8.118
4	426.378	113.846*	0.000*	−11.686*	−7.854*	−10.205*

注：*表示按规则所选择的滞后期；显著性水平为5%；LR: sequential modified LR test statistic；FPE: Final prediction error；AIC: Akaike information criterion；SC: Schwarz information criterion；HQ: Hannan−Quinn information criterion

综合不同的信息准则检验结论，本书最终确定模型的最优滞后期为4期。

（二）协整检验

在进行时间序列分析时，传统上要求所用的时间序列必须是平稳的，即没有随机趋势或确定趋势，否则会产生"伪回归"问题。但是在现实中，宏观经济数据一般来讲是不平稳的。面对这个问题，有两种解决方法：一种是对非平稳变量进行差分，由于差分后的数据可以剔除趋势性因素，因此往往可以满足数据平稳的要求，可以进行后续的回归分析。但是差分也让我们失去了关于变量之间长期关系的信息，并且很多时候这种长期信息对于研究变量之间关系至关重要。另外一种方法就是运用协整的方法，这种方法可以不在损失数据信息的情况下，考察非平稳变量之间的长期均衡关系。在进行协整分析之前首先要确定两组非平稳变量之间是否存在协整关系，也即存在非平稳变量之间的长期均衡关系。协整检验的方法有很多，最典型的就是Engle−Granger检验和Johansen检验，其中Engle−Granger检验只能用于检验两个变量之间的协整关系，Johansen检验不仅在检验变量上没有这种限制，而且可以同时求出变量之间的协整关系。因此，本书在进行协整检验时采用Johansen检验方法。

协整检验主要是判断协整关系的个数，检验公式如下所示：

$$\Delta Y_t = \prod Y_{t-1} + \Gamma_1 \Delta Y_{t-1} + \Gamma_2 \Delta Y_{t2} + \cdots + \Gamma_{k-1} \Delta Y_{t-(k-1)} + \Phi D_t + \mu_t$$

（6.7）

其中Y表示非平稳变量，Π、Γ、Φ表示系数，D表示截距项，u表示随机扰动项。如果检验存在r个协整向量，即（N-r）个非协整向量或者（N-r）个单位根，可以表达为相应的（N-r）个特征值。协整个数的检验主要有两种方法：迹检验和最大特征值检验，为了保证检验结果的稳健性和一致性，本书运用了两种检验方法，检验结果如表6-5、表6-6所示。

表6-5　协整向量个数r迹统计量检验

H0	H1	特征值	迹统计量	5% 水平临界值	P 值 **
None *	r ≥ 1	0.724	168.804	88.804	0.000
At most 1*	r ≥ 2	0.577	97.985	63.876	0.000
At most 2*	r ≥ 3	0.426	50.727	42.915	0.007
At most 3	r ≥ 4	0.187	20.148	25.872	0.219
At most 4	r ≥ 5	0.147	8.738	12.518	0.197

注：*表示在5%的显著性水平下拒绝原假设；

　　**表示MacKinnon-Haug-Michelis (1999) 的p值。

表6-6　协整向量个数r最大特征值检验

H0	H1	特征值	迹统计量	5% 水平临界值	P 值 **
None *	r ≥ 1	0.724	70.818	38.331	0.000
At most 1*	r ≥ 2	0.577	47.259	32.118	0.000
At most 2*	r ≥ 3	0.426	30.579	25.823	0.011
At most 3	r ≥ 4	0.187	11.410	19.387	0.472
At most 4	r ≥ 5	0.147	8.738	12.518	0.197

注：*表示在5%的显著性水平下拒绝原假设；

　　**表示MacKinnon–Haug–Michelis (1999) 的p值。

　　迹统计量检验表明：因为50.727>42.915，所以拒绝原假设"At most 1（存在一个协整关系）"，同时20.148<25.872，接受原假设"at most 2（存在两个协整关系）"；最大特征值检验表明：因为30.579>25.823，所以拒绝原假设"At most 1（存在一个协整关系）"，同时11.410<19.387，接受原假设"at most 2（存在两个协整关系）"。迹统计量和最大特征值检验均表明，政策透明度（mpt）、经济增长（pcg）、历史通胀水平（pil）、金融深化（tfd）和经济开放度（eti）之间存在两个协整关系。

（三）向量误差修正模型（VECM）

　　根据格兰杰定理，如果若干个非平稳变量之间存在协整关系，则必然存在误差修正模型。误差修正模型可以在不损失变量信息的情况下对变量长期均衡关系进行量化分析。向量误差修正模型（VECM）是在解释变量中含有协整约束的VAR模型，它适用于分析已知有协整关系的非平稳序列之间的关系。根据协整向量个数检验结果表明mpt、pcg、pil、tfd和eti之间存在两个协整关系，因此进入VECM模型的误差修正项分别是：

$$
\Pi Y_{t-1} + \alpha\mu = \alpha\beta^T Y_{t-1} + \alpha\mu =
$$

$$
\begin{bmatrix} 0.052 & 0.007 \\ -0.011 & -0.041 \\ -23.704 & -0.008 \\ 3.872 & 0.358 \\ -0.039 & -0.067 \end{bmatrix}
\begin{bmatrix} 1.000 & 0.000 & 0.009 & -0.028 & 0.112 \\ 0.000 & 1.000 & 0.028 & -0.224 & 1.390 \end{bmatrix}
\begin{bmatrix} mpt_{t-1} \\ pcg_{t-1} \\ pil_{t-1} \\ tfd_{t-1} \\ eti_{t-1} \end{bmatrix}
$$

$$
+ \begin{bmatrix} 0.052 & 0.007 \\ -0.011 & -0.041 \\ -23.704 & -0.008 \\ 3.872 & 0.358 \\ -0.039 & -0.067 \end{bmatrix}
\begin{bmatrix} 0.178 & -4.598 \end{bmatrix}
$$

(6. 8)

（四）求扰动相关系数矩阵

通过对一阶差分变量的误差修正模型（VECM）估计，我们可以得到扰动项的无条件相关系数矩阵。

$$
\text{corr} = \begin{bmatrix}
\textit{mpt} & \textit{pcg} & \textit{pil} & \textit{tfd} & \textit{eti} \\
1.000 & -0.316 & -0.129 & 0.283 & 0.237 \\
-0.316 & 1.000 & 0.123 & -0.979 & -0.851 \\
-0.129 & 0.123 & 1.000 & -0.141 & 0.056 \\
0.283 & -0.979 & -0.141 & 1.000 & 0.802 \\
0.237 & -0.851 & 0.056 & 0.802 & 1.000
\end{bmatrix}
$$

$$(6.9)$$

三、有向无环图

下面，我们将以扰动项相关系数矩阵为基础，运用有向无环图（DAG）进行变量当期因果关系的分析。首先我们建立无向完全图（见图6-5），作为当期因果关系检验的原假设。然后运用TETRAD软件进行当期因果关系的检验。由于本书使用的样本数据是2000年第1季度–2014年第4季度的数据，数据跨度为60个周期，属于小样本估计（样本观察值小于200）。小样本估计时，估计结果存在一定程度的低估，为了避免这一情况，通常的做法是提高小样本估计下的显著性水平来改善DAG估计结果的有效性和合理性（Spirtes等，2000）。本书参考（杨子晖，2008；郭娜和李政，2013）的研究，将显著性水平设为0.2。同时，为了使估计结果更具有合理性，我们运用sims提出的似然比统计量检查了估计结果，检查结果显示，在20%（甚至是5%）的显著性水平下无法拒绝"过度约束为真"的原假设，DAG模型的估计结果是合理的。最终的检验结果如图6-6所示。

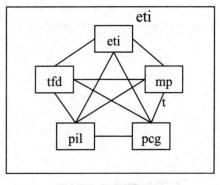

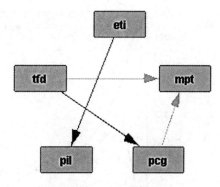

图6-5 无向完全图　　　　　图6-6 有向无环图

上图表明：在20%的显著性水平下存在着开放度（eti）对历史通胀水平（pil）的当期单项因果关系，金融深化（tfd）存在着对于经济增长（pcg）的当期单项因果关系，金融深化（tfd）和经济增长（pcg）存在着对于政策透明度（mpt）的当期因果关系，而历史通胀水平（pil）和开放度（eti）与政策透明度（mpt）之间的当期因果关系并不显著。

四、脉冲响应分析和预测方差分解

基于DAG分析，我们得出了各变量之间的当期因果关系，我们以此构建结构化向量自回归模型（SVAR）模型的约束矩阵。并在此基础上，进行脉冲响应和方差分解分析。

（一）脉冲响应

由于VAR模型的估计结果只具有一致性，单个参数估计值的经济解释是很困难的。要想对一个VAR模型做出分析，通常是观察系统的脉冲响应函数和方差分解。脉冲响应函数解释了变量是如何对各种冲击做出反应以及反应的程度。具体地说，它描述的是在随机误差项上施加一个标准差大小的冲击后对内生变量的当期值和未来值所带来的影响。

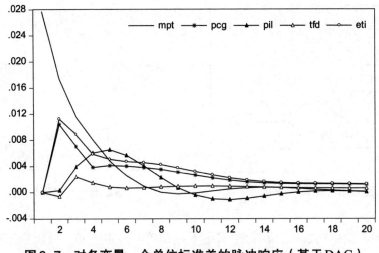

图6-7　对各变量一个单位标准差的脉冲响应（基于DAG）

如图6-7所示，在一个单位的冲击下，透明度对于自身的冲击响应的初始值较高，从第1期上升到较高水平后快速衰减，到第8期冲击响应基本消失；透明度对经济增长的脉冲响应在第2期开始，之后缓慢衰减，至14期后基本维持在0.001的较低水平。而透明度对通胀水平在第三期才开始出现并在第7期后衰减，10期后的脉冲响应基本消失。透明度对金融深化的脉冲响应一直不显著，并在14期后衰减至0.001的水平。透明度对开放度一个单位脉冲的响应第2期才会出现，之后缓慢衰减，并最终维持在0.001的水平上。

（二）方差分解

方差分解反映了未来预测误差由不同信息的冲击影响的比例或贡献的百分比，对各变量的预测方差分解如表6-7、表6-8所示。

表6-7　基于有向无环图（DAG）的预测方差分解（一）

预测期（季度）	mpt	pcg	pil	tfd	eti	mpt	pcg	pil	tfd	eti
	pcg 的方差分解					pil 的方差分解				
1	10.00	89.996	0.000	0.000	0.000	0.000	0.000	100.00	0.000	0.000
2	11.342	86.463	0.032	0.897	1.265	2.761	4.188	85.209	0.492	7.350

预测期（季度）	mpt	pcg	pil	tfd	eti	mpt	pcg	pil	tfd	eti
	pcg 的方差分解					pil 的方差分解				
3	12.758	79.774	0.072	1.775	5.621	7.529	10.834	64.393	0.307	16.937
4	13.618	75.494	0.097	3.522	7.269	10.800	14.917	49.800	0.233	24.250
5	13.338	73.604	0.161	4.559	8.337	12.176	17.534	40.519	0.261	29.511
6	12.655	71.414	0.497	5.434	10.000	11.983	18.935	36.100	0.354	32.629
7	11.888	69.331	0.965	6.364	11.451	11.140	19.459	34.780	0.463	34.158
8	11.229	67.570	1.389	7.214	12.597	10.418	19.576	34.612	0.554	34.839
9	10.702	66.123	1.657	7.963	13.555	10.100	19.595	34.480	0.617	35.207
10	10.290	64.934	1.766	8.625	14.386	10.099	19.641	34.094	0.653	35.512
预测期（季度）	mpt	pcg	pil	tfd	eti	mpt	pcg	pil	tfd	eti
	tfd 的方差分解					eti 的方差分解				
1	7.994	87.976	0.000	4.030	0.000	0.000	0.000	0.315	0.000	99.685
2	9.752	85.819	0.306	4.015	0.108	6.082	27.933	0.139	0.360	65.486
3	12.034	75.362	0.735	3.512	8.357	4.905	29.628	0.175	0.520	64.772
4	14.005	70.309	0.993	3.209	11.483	4.001	29.721	0.650	0.484	65.144
5	14.261	68.315	0.952	3.079	13.393	3.396	30.002	1.192	0.525	64.885
6	14.012	66.245	1.167	2.928	15.648	3.096	29.966	1.616	0.563	64.758
7	13.597	64.593	1.659	2.815	17.336	2.997	29.899	1.842	0.575	64.687
8	13.230	63.399	2.188	2.739	18.445	3.003	29.870	1.895	0.577	64.656
9	12.995	62.574	2.547	2.687	19.196	3.048	29.852	1.861	0.571	64.669
10	12.892	62.030	2.699	2.654	19.725	3.083	29.845	1.806	0.563	64.703

表6-8 基于有向无环图（DAG）的预测方差分解（二）

预测期（季度）	mpt	pcg	pil	tfd	eti
	mpt 的方差分解				
1	100.000	0.000	0.000	0.000	0.000
2	82.007	8.282	0.007	0.029	9.674
3	75.830	9.905	0.973	0.386	12.906
4	72.924	9.884	2.981	0.472	13.739
5	69.885	10.214	5.103	0.479	14.319
6	67.418	10.641	6.565	0.482	14.893
7	65.666	11.082	7.219	0.493	15.540
8	64.497	11.492	7.343	0.517	16.151
9	63.720	11.816	7.276	0.551	16.637
10	63.161	12.046	7.222	0.590	16.983

同时，为了更直观的观察预测方差分解的情况，我们给出了基于有向无环图的货币政策透明度预测方法分解图，如图6-8所示。

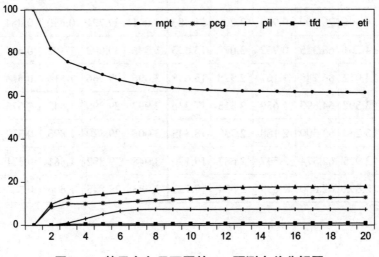

图6-8 基于有向无环图的mpt预测方差分解图

通过观察预测方差分解表和预测分解方差分解图，我们可以清楚地发现，货币政策透明度的波动绝大部分可以由自身因素来解释，从1～4期出现快速下滑后，基本稳定在60%～70%左右的水平，这说明货币政策透明度存在很大的惯性因素。其实这也很好理解，货币政策透明度作为一种制度性安排，其变动是一个缓慢的过程。除自身因素外，其他变量对政策透明度的影响都由第一期后存在不同程度的上升，但是上升幅度有所差别。以第10期为例，经济增长可以解释预测方差变动的12.05%，历史通胀可以解释7.22%，金融深化可以解释0.59%，而开放度可以解释16.98%。因此，除去自身惯性因素外，各变量对货币政策波动影响的大小从高至低依次为：开放度＞经济增长＞历史通胀＞金融深化，并且金融深化的影响一直非常小。这说明我国货币政策透明度受外部影响较大，受内部影响较小；受实体经济影响较大，受物价、金融等虚拟经济影响因素较小。

从其他变量的方差分解结果来看，我们以第10期为例，各变量对经济增长波动影响的大小依次为经济增长（64.93%）＞开放度（14.39%）＞政策透明度（10.29%）＞金融深化（8.63%）＞历史通胀（1.77%），各变量对历史通胀波动的影响大小依次为开放度（35.51%）＞历史通胀（34.09%）＞经济增长（19.64%）＞政策透明度（10.10%）＞金融深化（0.65%），各变量对金融深化波动的影响大小依次为经济增长（62.03%）＞开放度（19.73%）＞政策透明度（12.89%）＞历史通胀（2.70%）＞金融深化（2.65%），各变量对开放度波动的影响大小依次为开放度（64.70%）＞经济增长（29.85%）＞政策透明度（3.08%）＞历史通胀（1.81%）＞金融深化（0.56%）。

五、稳健性检验

为了检验基于有向无环图（DAG）方法的结构向量自回归模型（SVAR）估计结果的稳健性，我们采用了递归预测方差分解的方法。具体做法是，以2000年第1季度～2009年第1季度为基期进行第一次方差分解，然后将研究样本扩展至2000年第1季度～2009年第2季度，并做该样本期内基于DAG模型的方差分解。以此类推，一直持续至2000年第1季度～2014年第4季度。共进行24次递归分析，并将不同样本期方差分解第20期的分解结果进行综合，得到递归方差分解图，如图6-9所示。

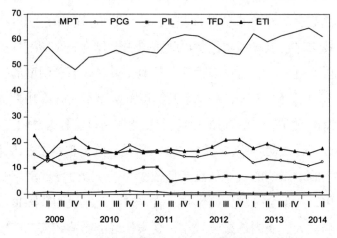

图6-9 政策透明度mpt的递归预测方差分解

从图6-9中可以发现，在不同的样本期内，政策透明度的波动可以由自身惯性解释60%左右，说明自身惯性因素是导致政策透明度波动的主要因素，金融深化的影响因素一直处于较低水平，大约1%左右，说明金融深化对透明度波动的影响一直不明显。除此之外，开放度、经济增长和历史通胀因素对透明度波动的影响基本维持在18%、15%和10%左右的水平。

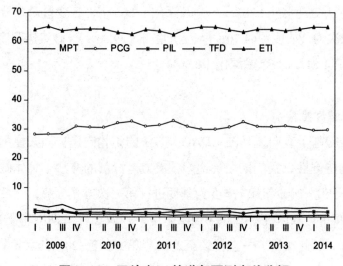

图6-10 开放度eti的递归预测方差分解

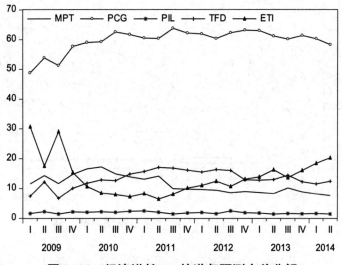

图6-11　经济增长pcg的递归预测方差分解

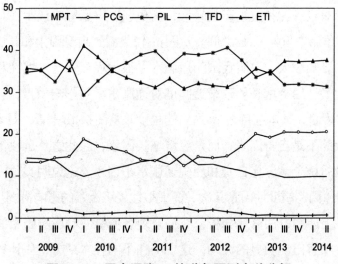

图6-12　历史通胀pil的递归预测方差分解

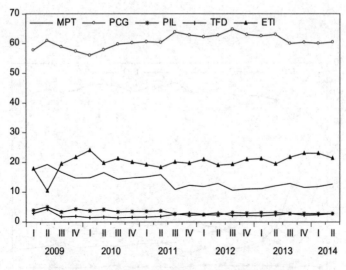

图6-13　金融深化 tfd 的递归预测方差分解

　　从图6-10中可以发现，在不同样本期，开放度自身因素和经济增长因素是影响开放度波动的主要因素，其余因素影响较小。从图6-11来看，经济增长自身因素对经济增长波动影响较大，历史通胀因素影响最小，其余因素影响程度基本维持在10%-20%之间。从图6-12来看，自身因素和开放度对历史通胀水平的影响较大，说明我国的通胀水平很大程度上是由惯性和输入性通胀因素决定的，经济增长和政策透明度对通胀水平的影响相当，影响最小的是金融深化因素，基本维持在2%左右的程度。从图6-13来看，对金融深化波动影响最大的不是自身因素，而是经济增长因素，除此之外是政策透明度和开放度，最后是金融深化自身和历史通胀水平因素。这说明实体因素是金融深化的主要原因，制度性因素其次，而虚拟性经济因素的影响最弱。

　　通过以上递归方法分解分析，我们发现各变量波动影响因素的占比基本保持稳定，没有出现明显的波动，这说明在不同样本期下，估计具有较好的一致性，估计结果非常稳健。

第三节　本章小结

随着各国货币政策变得越来越开放和透明，政策透明度问题也受到了越来越多的重视。但是目前国内外关于货币政策透明度影响因素的定量分析还比较缺乏，尤其是国内，目前还没有进行过政策透明度影响因素方面的定量分析。本书运用有向无环图（DAG）和结构向量自回归模型（SVAR）研究了影响我国货币政策透明度的因素。经过研究，我们主要得出以下结论：第一，金融深化和经济增长存在着对于政策透明度的当期单项因果关系，也即金融深化和经济增长导致了货币政策透明度的提升，而历史通胀水平和开放度与政策透明度之间的当期因果关系并不显著；第二，货币政策透明度对各变量冲击的响应程度有所不同，其中受自身冲击产生的反应程度最大，其次为经济增长和开放度，历史通胀水平的冲击影响也较为显著但是时滞相对较长，并且持续时间有限，透明度对金融深化冲击的响应并不显著，一直维持在较低水平，表明透明度对金融深化的扰动并不敏感；第三，通过基于DAG模型的预测方差分解，我们发现货币政策透明度的波动绝大部分可以由自身因素来解释，存在很大的惯性。除去自身惯性因素外，各变量对货币政策波动影响的大小从高至低依次为：开放度＞经济增长＞历史通胀＞金融深化，并且金融深化的影响一直非常小。这说明，我国货币政策透明度受外部影响较大，受内部影响较小；受实体经济影响较大，受物价、金融等虚拟经济因素影响较小；最后，递归预测方差分解表明估计结果非常稳健，结论是非常可信的。

在提升货币政策透明度已经成为一种趋势的背景下，本书运用定量化的手段研究了货币政策透明度的影响因素问题。本书的研究进一步加深了对于货币政策透明度问题的认识，丰富了透明度的理论体系，具有非常重要的意义。

第七章 我国货币政策透明化的有效性研究

从全球范围来看，提升货币政策透明度已经成为一种趋势。国内外的很多学者围绕着货币政策风格的转变和透明度水平的提升展开了研究。除了理论的发展和进步，很多国家的实际经验也证实了货币政策透明度在提升政策效果方面的作用（Blinder，2001）。那么货币政策透明度的政策效果表现在哪些方面，它对物价稳定和经济增长这两大主要的货币政策目标又产生了那些影响？这就是本章尝试解决和回答的问题。围绕着货币政策透明度政策效果的问题，本章主要做了以下两方面的工作：一是通过理论推导，论证了货币政策透明度对于宏观经济效应的影响；二是通过TVP-SV-VAR模型对我国货币政策透明度与宏观经济波动的关系进行了实证检验。无论是理论推导还是实证检验均表明，货币政策透明度有助于减少宏观经济波动，提升货币政策效果。为了进一步发挥货币政策透明度在政策执行中的效果，中央银行应进一步加强与公众的交流和沟通，不断提升政策透明度水平。

第一节 模型和数据概述

本章主要研究货币政策透明度的政策效果问题，现就相关理论模型和计量模型介绍如下，同时对文中使用的指标和数据进行简要的介绍。

一、理论模型

在构建框架模型前，本章设定如下的假设条件：

假设条件1：根据公共选择理论，央行也是具有理性行为的经济人，会最大化自身的目标函数。关于央行目标函数的设定，比较有代表性的是两种方法，一种是Barro和Gordon（1983）构建的一个包含通货膨胀和产出两个变量的央行政策目标函数，公式表示如下：

$$\max：U = \lambda(y-y_n) - \frac{\pi^2}{2}$$

（7.1）

其中U表示央行的目标效应函数，λ表示产出缺口占央行效用的权重，y表示实际产出，y_n表示潜在产出，π表示通货膨胀。

还有一种目标函数的构建方法是将产出缺口和通胀水平加权求和，构造出的福利损失函数，央行的目标就是使社会福利损失函数最小，这也是目前研究货币政策透明度政策效果较为常见的方法。本书参照Woodford（2003）、徐亚平（2006）等关于社会福利损失函数的定义，设定央行目标函数如下：

$$\min V = E_t \sum_{i=0}^{t} \delta^i E(L)；其中L = (\pi_t - \pi_t *)^2 + \lambda(y_t - y_t * - w_t)^2$$

（7.2）

公式中V表示央行的政策目标（也即社会福利目标），E为期望因子，δ表示折算率，E（L）表示损失期望值，L表示福利损失，π表示实际通货膨胀率，$\pi*$表示最优通货膨胀率（或目标通货膨胀率），λ表示产出缺口占福利函数损失的权重，y表示实际产出，y*表示潜在产出，w表示由于政府干预导致的稳定产出高于潜在产出的部分[1]，且w > 0（Rogoff，1985）。由假设3可知，央行的政策目标函数由两部分组成：通货膨胀和产出，这也完全符合央行货币政策的惯例。

假设条件2：公众具有理性预期。理性预期下，公众可以依据获得的所有信息，做出在长期看来最为合理，同时又与理论模型最为一致的预期。以通

---

[1] 也即政府由于政治利益的考虑人为提高的稳定产出高于潜在产出的部分，例如政府实行的税收和失业保险等政策措施，会对市场产生扭曲，最终导致失业率低于自然失业率水平，均衡产出高于潜在产出。

货膨胀为例，理性预期可以表示如下：

$$\pi_{t+1}{}^e = E_t(\pi_{t+1}|I_t)，\text{其中}\pi_{t+1}{}^e\text{表示t时刻的预期通货膨胀率，}$$
$$E\text{为预期因子，}I_t\text{为当期获得的信息。}$$

（7.3）

假设条件3：货币当局与公众之间对于政策信息的掌握程度是不同的，也即两者之间的信息是不对称的，并且货币当局相对于公众更具有信息上的优势。因此，央行在对产出扭曲w的信息上相对于公众非常具有优势，公众只能在预期基础上对w的值进行预测，必然存在一定的偏差，我们设偏差值为v。那么公众获取的关于w值的预测和对产出的预测表示如下：

$$\begin{cases} p = w + v，\text{且}E(v) = w，v \sim N(0，\sigma_v^2) \\ y^e = y* + p = y* + w + v \end{cases}$$

（7.4）

其中y^e表示对于产出的预测，p表示公众对w的预测，v表示预测的偏差。因为公众具有理性预期，那么偏差v应该服从期望为0方差为σ_v^2的正态分布。在假设条件3下，很容易得出以下结论，透明度与预测的偏差是负相关的，也即透明度水平越高，预测偏差就会越小。这是很容易理解的，因为透明度水平越高，货币当局与公众之间的信息不对称程度就越小，当然预测的偏差肯定就越小。因此透明度与预测偏差之间的关系可以用公式表示如下：

$$T = \frac{k}{\sigma_v^2}$$

（7.5）

其中，k表示比例系数，且k>0，σ_v^2为预测偏差的方差，T表示货币政策透明度T>0。

根据附加预期的卢卡斯供给曲线（Lucas，1975），我们可以得到总供给的表达式，也即约束条件：

$$\text{st: } y = y* + b(\pi - \pi^e) + \varepsilon_t，\varepsilon \sim N(0, \sigma_\varepsilon^2)$$

（7.6）

其中π^e表示预期通货膨胀，b表示意外之外冲击造成的通胀对产出的影响程度，且b > 0，εt表示随机误差项。

根据公式（7.4）——公式（7.6），并结合w的定义，我们很容易能够得到公众对通货预期的表达式：

$$\pi^e = \pi^* + \lambda bp$$

（7.7）

为了计算方便，我们对公式（7.2）的福利损失模型进行精简，忽略时间、跨期等因素。将公式（7.4）、公式（7.6）和公式（7.7）代入公式（7.2）中，求得福利损失最小化条件下通胀π和产出y的一阶条件：

$$\begin{cases} \pi^f = \pi^* + \dfrac{\lambda b(w + \lambda b^2 p - \varepsilon)}{1 + \lambda b^2} \\ y^f = y^* + \dfrac{\varepsilon - \lambda b^2 v}{1 + \lambda b^2} \end{cases}$$

（7.8）

其中，π^f与y^f表示均衡条件下的通货膨胀和产出水平。

将公式（7.8）代入期望的目标损失函数公式（7.2），并根据期望与方差之间的关系（盛骤，2001）：

$$var(x) = EX^2 - (EX)^2; var(c) = 0;$$

$$var(ax + by) = a^2 var(x) + b^2 var(y)，当x, y相互独立。$$

（7.9）

可得

$$L^e = E(L) = E(\pi - \pi^*)^2 + \lambda E(y - y^* - w)^2$$

$$= \frac{\lambda}{1 + \lambda b^2}[\sigma_\varepsilon^2 + \lambda^2 b^4 \sigma_v^2 + w^2(1 + \lambda b^2)^2]$$

（7.10）

将公式（7.5）代入公式（7.10），得到：

$$L^e = \frac{\lambda}{1+\lambda b^2}[\sigma_\varepsilon^2 + \frac{k\lambda^2 b^4}{T} + w^2(1+\lambda b^2)^2]$$

（7. 11）

对公式（7.11）求解关于透明度T的导数：

$$\frac{\partial L^e}{\partial T} = -\frac{k\lambda^3 b^4}{T^2(1+\lambda b^2)}$$

（7. 12）

很显然公式（7.12）小于0，因此，货币政策透明度的提升有助于减少社会福利损失。下面我们求通货膨胀和产出的期望值。对公式（7.8）求期望，得到如下结果：

$$\begin{cases} \pi^{fe} = E(\pi^f) = E[\pi^* + \frac{\lambda b(w+\lambda b^2 p - \varepsilon)}{1+\lambda b^2}] = \pi^* + \lambda bw \\ y^{fe} = E(y^f) = E(y^* + \frac{\varepsilon - \lambda b^2 v}{1+\lambda b^2}) = y^* \end{cases}$$

（7. 13）

对公式（7.13）求解关于透明度T的偏导数可知，偏导数均为零，因此，货币政策透明度没有影响平均通货膨胀和平均产出。同时，根据公式（7.7）和公式（7.13），我们发现：

$$\pi^{fe} = E(\pi^e) = \pi^* + \lambda bw$$

（7. 14）

上式表明公众的预期是在长期平均来看是最为准确，同时又与使用模型最为一致的预期，符合理性预期理论。然后，我们求均衡条件下通货膨胀与产出的波动，对公式（7.8）中的 π^f 和 y^f 求方差，得到如下公式：

$$\begin{cases} var(\pi^f) = \frac{\sigma_\varepsilon^2 + \lambda^2 b^4 \sigma_v^2}{(1+\lambda b^2)^2} \\ var(y^f) = \frac{\lambda^2 b^2(\sigma_\varepsilon^2 + \lambda^2 b^4 \sigma_v^2)}{(1+\lambda b^2)^2} \end{cases}$$

（7. 15）

将公式（7.5）代入公式（7.15），并对其求解关于透明度T的导数，可得：

$$\begin{cases} \dfrac{\partial\left(var(\pi^f)\right)}{\partial T} = -\dfrac{k\lambda^2 b^4}{(1+\lambda b^2)^2 T^2} \\[3mm] \dfrac{\partial\left(var(y^f)\right)}{\partial T} = -\dfrac{k\lambda^4 b^6}{(1+\lambda b^2)^2 T^2} \end{cases}$$

（7.16）

从公式（7.16）可知，两个偏导数的值均小于0，这表明，随着透明度水平的提升，通货膨胀波动和产出波动均会降低，货币政策透明度有助于提升政策效果。

二、计量模型

下面将介绍本章使用的计量模型。我们知道传统的计量回归方法是以经济理论为基础，需要经济数据满足很多的前提假设条件。但是现实条件下，很多经济变量往往不能完全满足这些要求；同时一般的计量回归模型只是考察变量之间的静态关系，无法分析变量关系之间的动态变化；再加上很多的变量参数在回归中既可以作为内生变量也可以作为外生变量，传统计量方法也无法有效解决这个问题。针对传统计量方法存在的问题，Christopher Sims（1980）提出了一种向量自回归模型（简称VAR模型）。该模型不以金融经济理论为基础，因而可以在很大程度上去添加其他的解释变量，并进行大规模的运算分析。VAR模型是处理多个相关经济指标的分析与预测最容易操作的模型之一，目前被广泛地运用于宏观经济变量的分析中。

VAR模型是用模型中所有当期变量对所有变量的若干滞后变量进行回归，在一个含有n个方程（被解释变量）的VAR模型中，每个被解释变量都对自身以及其他被解释变量的若干期滞后项回归。若令滞后期阶数为k，变量个数为n，则VAR模型的一般形式可用下式表示：

$$Z_t = \sum_{i=1}^{k} \Pi_i Z_{t-i} + \mu_t, \quad \mu_t \sim IID(0,\Omega)$$

（7.17）

其中，Z_t表示由第t期观测值构成的n维列向量，Π为n*n系数矩阵，μ是由随机误差项构成的n维列向量，并且随机误差项μ_t（t=1,2,…n）为白噪音过程。

$$Z_t = (z_{1,t}\ z_{2,t}\cdots z_{n,t})^T, \quad \Pi_i = \begin{bmatrix} \pi_{11.i} & \pi_{12.i} & \cdots & \pi_{1n.i} \\ \pi_{21.i} & \pi_{22.i} & \cdots & \pi_{2n.i} \\ \vdots & \vdots & \ddots & \vdots \\ \pi_{N1.i} & \pi_{N2.i} & \cdots & \pi_{nn.i} \end{bmatrix}, \quad i=1,2,\cdots k, \quad \mu_t = (\mu_{1,t}\ \mu_{2,t}\cdots \mu_{N,t})^T$$

随机误差项满足：

$$E(\mu_{it} * \mu_{jt}) = 0, \quad \text{其中} i,j = 1,2,\cdots,n, \text{且} i \neq j$$

（7.18）

虽然VAR模型在宏观经济分析中应用广泛，但是也存在很多缺陷。例如VAR模型一般假定估计系数在一定的区间内是固定不变的，但是经济结构、经济制度等的变化都会导致经济变量之间的相关关系出现变动。由于VAR模型固定系数的假定使得其无法反映这一变动，很容易造成参数估计的偏差。为了克服这一问题，Cogley和Sargent（2001）将回归参数随时间变动的概念引入VAR模型中，提出了一种具有反映时变特征的VAR模型，也称为时变VAR模型（TVP-VAR），之后Cogley和Sargent（2005）、Primiceri（2005）又将协方差矩阵的变动加入TVP-VAR，构建了一种包含系数及协方差矩阵均具有时变特征的TVP-SV-VAR模型（TVP-SV-VAR，time-varying parameters vector autoregressive with stochastic volatility）。之后，Nakajima（2011）提出了该模型参数回归和脉冲分析的计算方法。下面，本书对TVP-SV-VAR模型及其参数回归等进行简要的介绍。

步骤1：构建时变参数模型。首先将可变系数逐步引入模型中：

$$CZ_t = \Pi_1 z_{t-1} + \cdots + \Pi_s z_{t-s} + u_t, \quad t = s+1,...,n, \quad ut \sim N(0, \Sigma\Sigma)$$

（7.19）

其中C为可逆矩阵，表示如下：

$$C = \begin{pmatrix} 1 & 0 & \cdots & 0 \\ c_{21} & 1 & \ddots & \vdots \\ \vdots & \ddots & \ddots & 0 \\ c_{k1} & \cdots & c_{k,k-1} & 1 \end{pmatrix} \quad \Sigma = \begin{pmatrix} \theta_1 & 0 & \cdots & 0 \\ 0 & \theta_2 & \ddots & \vdots \\ \vdots & \ddots & \ddots & 0 \\ 0 & \cdots & 0 & \theta_k \end{pmatrix}$$

步骤2：对公式方程进行平移和正交化处理，以进行各参数后验分布的估计。将公式（7.19）两边同时乘以C的逆矩阵C^{-1}，将C矩阵调整至方程右侧。

$$Z_t = A_1 z_{t-1} + \cdots + A_s z_{t-s} + C^{-1}\Sigma\varepsilon_t, \quad \varepsilon_t \sim N(0, I_k)$$

（7.20）

其中：$A_i = C^{-1}\Pi_i, i = 1,...,s$，上式是线性的，扰动项是已知方差的高斯分布，因而可以写成标准的线性高斯状态空间形式。参照Carter和Kohn（1994）的方法抽取斜率系数Xt.对向量A和Z进行向量正交化处理，令α表示为A矩阵的行向量，同时令

$$X_t = E_k \otimes (z_{t-1},...,z_{t-s})$$，其中⊗表示克罗内克积。则公式（7.20）重新表示为：

$$Z_t = X_t\alpha + C^{-1}\Sigma\varepsilon_t$$

（7.21）

步骤3：赋予回归系数和参数时变特征，将静态VAR模型转变为包含时变性质的TVP-SV-VAR模型[①]：

$$Z_t = X_t\alpha_t + C_t^{-1}\Sigma_t\varepsilon_t, \quad t = s+1,...,n, \quad \varepsilon_t \sim N(0, E)$$

（7.22）

参照Primiceri（2005）的研究，设定

$$c_t = (c_{21}, c_{31}, c_{32}, c_{41},..., c_{k,k-1})^T, \quad p_t = (p_{1t}, p_{2t},..., p_{kt})^T,$$ 其中$p_{jt} = \log\theta_{jt}^2$

同时假定他们均服从如下的随机游走过程[②]：

---

① 很多文献中包含了截距项，只需要对克罗内克积进行调整即可。

② 之所以这样设定是因为，时变参数VAR模型有大量待估参数去计算，设定参数服从随机游走过程可以减少待估参数的数量，同时这也是目前较为常用的做法。

$$\begin{cases} \alpha_{t+1} = \alpha_t + u_{at}, u_{at} \sim N(0, \Sigma\alpha) \\ \mathbf{c}_{t+1} = c_t + u_{ct}, u_{ct} \sim N(0, \Sigma c) \quad, \text{ 其中} t = s+1,...,n \\ p_{t+1} = p_t + u_{pt}, u_{pt} \sim N(0, \Sigma p) \end{cases}$$

当 $t = s+1$ 时，$\alpha_{s+1} \sim N\left(\mu_{\alpha_0}, \Sigma_{\alpha_0}\right), \mathbf{c}_{s+1} \sim N\left(\mu_{c_0}, \Sigma_{c_0}\right), \mathbf{p}_{s+1} \sim N\left(\mu_{p_0}, \Sigma_{p_0}\right)$

$$(7.23)$$

步骤4，对模型进行参数估计。由于时变参数VAR模型有大量待估参数需要估计，如果采用传统的估计方法进行估计，计算量将会非常巨大，估计结果也不够准确和稳健。为了避免这一状况，在对 TVP-SV-VAR 模型进行估计时，我们采用基于贝叶斯估计的蒙特卡洛模拟方法（MCMC）。参照 Omori 等（2007）的研究，本书采用 MCMC 方法的估计如下。首先给定观察数据 y，设定 α，c，p 和 w 的初始值：

$$y = \{y_1, y_2, \cdots y_n\}, w = (\Sigma\alpha, \Sigma c, \Sigma p), w \text{先验概率密度为} \pi(\mathbf{w})$$

$$(7.24)$$

然后MCMC模拟将采用以下顺序进行抽样估计待估参数的系数：①从 $\alpha|c, P, \Sigma_a, Z$ 中抽取 α；②从 $\Sigma_a|\alpha$ 中抽取 Σ_a；③从 $c|\alpha, P, \Sigma_c$, 中抽取 c；④从 $\Sigma_c|c$ 中抽取 Σ_c；⑤从 $p|\alpha, c, \Sigma_p, z$ 中抽取 p；⑥从 $\Sigma_p|p$ 中抽取 Σ_p。最后重复以上过程。通过一定次数的预烧（burn-in），逐步消除初始值设定的影响，并最终求得待估参数 $\pi(\alpha, c, p, \omega|z)$ 的后验分布和统计推断情况[1]。

步骤5：分析结构化脉冲响应情况。

令 $\phi_t = C_t^{-1}\Sigma_t\varepsilon_t$, 则 ϕ_t 的方差 $\text{var}(\phi_t) = C_t^{-1}\Sigma_t(\Sigma_t)^T(C_t^{-1})^T$

对公式（7.20）进行迭代处理，可以得到无穷阶的移动向量平均值VMA（∞）表达式：

---

[1] Nakajima（2011）"Time-Varying Parameter VAR Model with Stochastic Volatility: An Overview of Methodology and Empirical Applications" 中有关于MCMC抽样以及估计方法更为详尽的介绍。

$$z_t = \sum_{i=0}^{\infty} \varphi_{i,t}\phi_{t-i}, 令\,\varphi_{0,t} = E_k, \varphi_{p,t} = f\begin{pmatrix} \alpha_t \\ E_{k(s-1)} : 0_{k(s-1)\times k} \end{pmatrix} f^T, \mathbf{f} = (E_k : 0_{k\times k(s-1)})$$

（7.25）

据此可得TVP – SV –VAR模型（7.22）的结构化脉冲响应函数为：

$$\Psi_t = (\varphi_{0,t}{}^T : \cdots : \varphi_{S,t}{}^T)^T C_t^{-1} \Sigma_t$$

（7.26）

有鉴于时变系数向量自回归模型（TVP-SV‐VAR）假定估计系数可变，能够反映时间序列的渐进变化趋势，同时还能够平滑模型系数，反映出实证计量分析对建模的要求，本书即采用TVP-SV-VAR模型研究和分析货币政策透明度对宏观经济波动影响和冲击的时变特征。

三、指标选取

（一）宏观波动指标

货币政策是否实现了预期的主要目标和任务是判断货币政策效果好坏最重要的标准。从各国的货币政策实践来看，货币政策最重要的目标包括物价稳定和经济增长。以我国为例，1995年颁布的《中国人民银行法》规定我国货币政策的首要目标是维持物价稳定，并在此基础之上实现经济增长。因此，分析我国货币政策的效果主要是考察物价和经济增长的变动情况。Okun（1970）首先提出将通货膨胀率和失业率相加起来得到了所谓的"痛苦指数"，用以衡量宏观经济所处的状态，也可以衡量宏观政策的有效性。但是由于痛苦指数的计算过程过于简单，没有考虑到央行对通货膨胀率和经济增长率的权重，因此使用这个指标作为衡量货币政策的宏观效果是有问题的。另外，虽然我国于1978年就开始公布年度的失业率数据，并于2003年第1季度开始公布季度的失业率数据，但是相比较目前国际上通用的调查统计失业率指标，我国公布的一般为城镇登记失业率，不包含农村失业情况[①]，因此，在我国考察政策效果使用失业率数据也是存在问题的。

据此，本书将参照公式（7.2）L=$(\pi_t-\pi_t*)^2+\lambda(y_t-y_t*-w_t)^2$ 构建的福利损失函数，建立政策效果指数。该模型是目前测算央行社会福利最为常用的函数，本书即采用这个函数。但是不论是类似于公式（7.1）的政策效应函数，还是类似于公式（7.2）的福利损失函数，关键的问题是需要确定产出缺口波动占福利损失的比重即λ的取值。

关于权重的设置，Favero和Rovelli（2003）通过对美国1961—1998年宏观经济稳定性与美联储操作的分析，将1961—1979年产出缺口波动占福利损失的比重λ设为0.00153，1980—1998年的比重设为0.00125。Ozlale（2003）通过构造损失函数，运用两步法分析了威廉弥勒、保罗沃克尔和格林斯潘担任美联储主席期间对于产出波动的权重赋值问题，认为权重赋值在0.0021～0.0037之间。Dennis（2006）也考察了美联储在格林斯潘时期对于产出波动权重的设定问题，并将这一权重设为0.00294。王美今和王少林（2013）通过对我国1998—2011年产出和通胀波动的实证分析，将权重设为0.0011。Söderström等（2002）认为目前实证数据显示通货膨胀率的波动水平较低，而产出波动的水平较高，因此应该尽量对产出波动赋予更小的权重。综合以上研究，同时考虑到中国的实际，我们采用王美今和王少林的研究，将产出波动的权重设为0.0011，最终构建了如下的宏观经济波动综合指数（macroeconomic volatility composite index，简写为mvc）：

$$mvc_t=(\pi_t-\pi_t*)^2+0.0011(y_t-y^f)^2,\ y^f表示潜在产出，且y^f=y*+w$$
（7.27）

mvc表示宏观经济波动综合指数。产出和通胀波动越小，货币政策效果越好，mvc的取值越小。我们选用居民消费价格指数CPI表征通货膨胀π，国内生产总值GDP表征产出。对于最优通货膨胀水平（或目标通胀水平），1995年

---

① 其实我国从2006年开始就采用抽样调查的方法统计失业状况，只是数据一直没有对外公布。自加入SDDS后，我国计划于2016年开始，由国家统计局发布包含城镇和农村的调查就失业数据。

我国开始在每年的政府工作报告中提出了具体的物价变动目标，并且一直持续至今，因此1995—2014年的通货膨胀目标数据我们选用政府工作报告中的数据。关于产出缺口的计算方法，我们参照了Stasavage（2003）的定义：

$$产出缺口=（实际GDP-潜在GDP）/潜在GDP$$
$$其中，实际GDP=季节调整后的名义GDP/CPI$$

（7.28）

关于潜在产出 y^f 的计算，我们使用了Hodrick和Prescott（1980）提出的H-P滤波方法[①]剔除实际GDP季节和周期性因素后获得。经过测算，我国2000年第1季度-2014年第4季度宏观经济波动综合指数状况如图7-1所示。

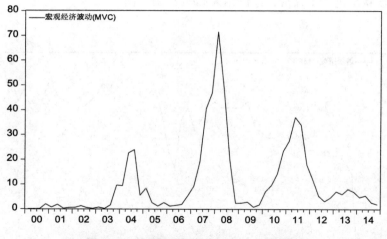

图7-1　宏观经济波动（mvc）情况图

从图7-1中可以看出，我国的宏观经济在2003年第1季度-2005年第1季度、2007年第1季度-2009年第1季度、2010年第1季度-2012年第3季度出现三次明显的波动，其他时间波动幅度均较小。

（二）政策透明度指标

目前关于货币政策透明度的评价大概分为以下四种：一是以Fry等

---

① 　目前H-P滤波方法已经被广泛应用于估计时间序列数据的长期趋势。

（1998）为代表的调查问卷方法；二是以Eijffinger和Geraats（2002）为代表的指标体系方法；三是以Haldane和Read（2000）为代表的市场反应方法；四是以Kia,A.和H.Patron（2004）为代表的动态指数方法。其中前两种方法主要强调货币当局的信息披露，后两种方法主要强调公众对于信息的理解和反应。Blinder（2004）认为根据货币政策透明度的定义，应该将两者结合起来考察货币政策透明度状况。本书以目前广泛使用的E-G指标体系方法和A-H动态指数法为基础，分别评价了我国货币政策透明度信息披露透明度和公众对信息理解透明度状况，并将两个评价结果进行加权，从而构建了货币政策透明度综合指数（Monetary policy transparency composite index，简写为mpt）。通过建立的评价方法，本书对我国2000年第1季度—2014年第4季度的我国货币政策透明度状况进行了评价，评价结果如图7-2所示。

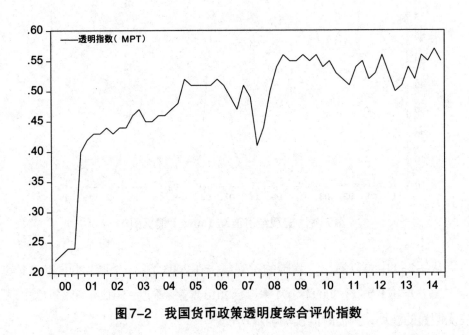

图7-2 我国货币政策透明度综合评价指数

从图7-2中可以发现，我国的货币政策透明度指数近年来不断上升，尤其是2002年加入国际货币基金组织数据公布通用系统GDDS和2015年加入数据披露特殊标准SDDS前后，货币政策透明度提升状况较为明显。同时由于受2007年美国次贷危机的影响，货币政策透明度出现了较为明显的波动。

（三）政策操作指数

在研究货币政策对宏观经济波动的影响过程中，除了货币政策透明度外还有一个非常重要的变量——货币政策操作变量。为了体现货币政策操作对宏观经济波动的影响，我们选取货币供应量数据表征货币政策操作情况，以M2的同比增长率表示货币政策操作指数（ms）。

四、数据说明

（一）数据来源

为了计算货币政策透明度状况，我们使用了银行间7天同业拆借利率、银行间7天回购债券利率等数据。这些利率数据与货币供应量数据均来自CCER中国经济金融数据库，GDP（经济增长）、CPI（物价水平）、MS（货币供应）、通货膨胀目标数据来源于wind数据库。

我们对所有的季节性数据如CPI、GDP、MS等进行了季节调整，调整方法是采用了目前国际上通用的X-11调整方法。由于目前国家统计局只公布了月度CPI、MS数据，我们通过对月度CPI、MS数据进行季节调整后，进行加权平均得到了季度的CPI、MS数据。

（二）数据描述

首先对样本数据进行统计性的描述，以观察各变量的数据特征，具体情况如表7-1所示。

表7-1　变量统计描述表

	CMV	MPT	MS
均值（μ）	10.15	0.48	16.76
中位数（Md）	4.62	0.51	15.78
最大值（Max）	71.63	0.57	28.87
最小值（Min）	0.02	0.22	12.46
标准差（S）	14.48	0.08	3.69
变异系数（CV）	1.43	0.17	0.22

续表

	CMV	MPT	MS
偏度 Skewness	2.20	−1.89	1.57
峰度 Kurtosis	7.97	6.56	5.53
正态分布 J–B 检验	110.36[0.00]	67.35[0.00]	40.52[0.00]

注：[]内为 p 值；变异系数＝标准差/均值；JB统计量在 5%和 1%显著水平下的临界值分别为 5.99 和 9.21。

　　从表 7–1 中可以发现：一是 mpt 的变异系数最小，稳定性最高，cmv 的变异系数最大，稳定性也最差；二是三个变量均不属于对称分布，其中 cmv 和 ms 的偏度值大于 0 是左偏倚，mpt 的偏度值小于 0，属于右偏倚；三是从峰度值来看，cmv、ms 的峰度值小于 3，较标准的正态分布更为陡峭，mpt 峰度值大于 3，较标准的正态分布更为平缓；四是在 5% 的显著性水平下，各变量相伴概率值均大于设定的显著性水平，则接受原假设，样本服从正态分布。图 7–3 给出了各变量的核密度图，清晰地表述了各变量的分布情况。

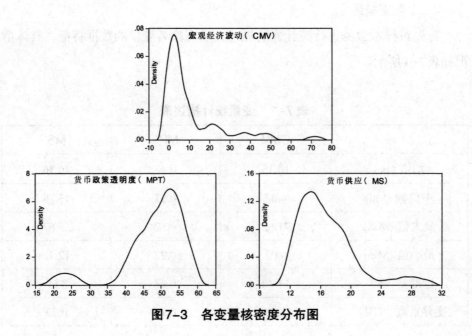

图7–3　各变量核密度分布图

第二节　实证检验和结果分析

一、平稳性检验

经济变量大都具有非平稳性，对非平稳性变量进行回归分析会产生"伪回归"的问题。为了避免出现这种情况，确保估计结果的有效性，我们首先必须对变量进行平稳性检验。单位根检验是平稳检验中普遍采用的一种检验方法。根据检验方法的不同，单位根检验又包括了ADF检验、PP检验、NP检验等很多种方法。本书采用了最常用的ADF检验方法进行单位根检验，同时考虑了截距项、截距项和趋势项、无截距项和趋势项三种情况，检验结果如表7-2所示。

表7-2　变量单位根检验（ADF）

变量	检验类型 (c,t,k)	ADF 统计量	ADF 临界值（显著性水平）			P 值	结论[1]
			1% 水平	5% 水平	10% 水平		
cmv	(c,0,1)	−3.555	−3.548	−2.913	−2.594	0.010***	数据平稳
mpt	（c,0,18）	−4.453	−3.546	−2.912	−2.594	0.001***	数据平稳
ms	(0,0,3)	−4.250	−2.605	−1.947	−1.613	0.000***	数据平稳

注：检验类型中c代表有无截距项，t代表有无趋势项，k代表滞后期。***、**、*分别表示在1%、5%、10%的水平上显著。

通过对ADF检验结果的分析，我们可以得到以下结论，在5%的显著性水平下，三个变量均为平稳变量。

---

[1]　该结论是建立在显著性水平为5%的基础之上的。

二、参数估计结果

根据Nakajima（2011）的研究，我们首先给出以下变量的先验分布：$(\Sigma_\alpha)_i^{-2} \sim Gamma(40,0.02);(\Sigma_c)_i^{-2} \sim Gamma(4,0.02);(\Sigma_p)_i^{-2} \sim Gamma(4,0.02)$，同时给出各相关变量的初始值：$\mu_{\alpha_0} = \mu_{c_0} = \mu_{p_0} = 0;\ \Sigma_{\alpha_0} = \Sigma_{c_0} = \Sigma_{p_0} = 10 \times E$。

给定以上的先验分布和初始值后，我们首先预烧样本1000次，以纠正初始赋值对后验分布估计结果的影响。然后运用蒙特卡洛模拟方法（MCMC）连续抽样10000次进行迭代模拟，最终获得各参数的后验分布情况。为了确定最佳的滞后期，我们测算出了模型滞后期阶数的边际似然估计值，一般而言估计值越小模型的拟合度越高，最终我们选定滞后期为1期。同时考虑到不同模型设定带来的偏误，我们对包含有截距项和不包含有截距项的模型都进行了回归。回归结果如表7-3所示。

表7-3　不带截距项的参数回归结果

参数系数	后验均值	标准差	95% 的可信区间[①]	CD 统计量	无效因子
$\Sigma\,\alpha1$	0.0226	0.0026	[0.0182,0.0284]	0.373	3.48
$\Sigma\,\alpha2$	0.0228	0.0027	[0.0184,0.0288]	0.203	5.02
$\Sigma\,c1$	0.0572	0.0144	[0.0360,0.0911]	0.476	16.11
$\Sigma\,c2$	0.0319	0.0046	[0.0242,0.0422]	0.434	11.51
$\Sigma\,p1$	0.7204	0.1988	[0.3934,1.1615]	0.053	17.24
$\Sigma\,p2$	0.4392	0.1723	[0.1874,0.8649]	0.618	46.64

其中，CD（convergence diagnostics）统计量是Geweke（1992）提出的检验统计量，主要检验模型马尔科夫链的收敛情况，该统计量的原假设是参数估计的后验分布收敛，备择假设是参数估计的后验分布发散；无效因子主要是用来评估蒙特卡洛模拟链总体的自相关程度。

---

① 与常规参数"置信区间"的表述不同，对于不确定性参数，我们使用了可信区间的概念。

表7-4　带截距项的参数回归结果

参数系数	后验均值	标准差	95%的可信区间	CD统计量	无效因子
$\sum \alpha 1$	0.0782	0.0555	[0.0224,0.2110]	0.002	278.99
$\sum \alpha 2$	0.2815	0.0459	[0.2005,0.3811]	0.311	100.02
$\sum c1$	0.0830	0.0365	[0.0433,0.1766]	0.786	123.22
$\sum c2$	0.0782	0.0297	[0.0417,0.1560]	0.246	31.85
$\sum p1$	0.3519	0.2072	[0.0813,0.8609]	0.435	80.59
$\sum p2$	0.2052	0.1258	[0.0611,0.5269]	0.446	74.17

注：CD和无效因子的解释如上。

对比表7-3和表7-4可知，带有截距项模型的无效因子统计量远大于不带有截距项模型的无效因子，这表明带有截距项的参数估计模型不够稳定。因此本书选定不带截距项的参数估计模型。根据不带截距项的参数估计结果可知，在95%的可信区间内，CD统计量和无效因子检验结果均表明估计结果是收敛的，并且非常稳健，说明运用MCMC方法很好地实现了对待估参数后验分布的估计。即使是无效因子较高的$\sum p2$，我们也获得了至少M/50=200个不相关的样本，这对于后验分布估计也已经足够了。

为了进一步分析抽样结果的稳健性，我们可以通过抽样自相关估计图、抽样路径图和后验分布密度图来直观的观察抽样状况。

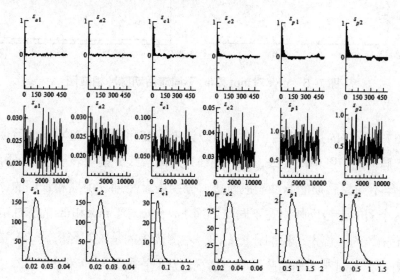

图7-4　运用随机波动模拟数据获得的模型估计结果

图7-4中，第一行代表了抽样自相关估计结果图，第二行代表了抽样路径图，第三行代表了后验分布的密度图。从自相关估计图上可以看出，抽样样本的自相关系数迅速收敛于0，没有出现明显的发散现象，抽样结果是非常稳健的。从抽样路径图上，抽样数据呈现明显的波动集聚现象，在随机扰动下围绕后验估计值进行随机波动，估计结果是有效的。后验分布密度图可以发现，数据主要集中分布于待估参数区间内，估计结果有效。

三、脉冲响应分析

在得到模型的参数估计结果后，我们可以使用TVP-SV-VAR模型的不同滞后期冲击和不同时点冲击考察我国2000年第1季度–2014年第4季度货币政策透明度和货币供应对宏观经济波动的影响。

（一）不同滞后期的脉冲响应

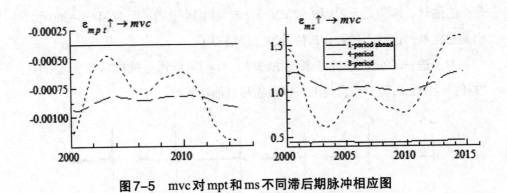

图7-5　mvc对mpt和ms不同滞后期脉冲相应图

图7-5反映的是宏观经济波动对政策透明度和货币供应不同滞后期的冲击响应脉冲图，图中的实线、长间隔线，短间隔线分别代表了在1个季度、1年和2年不同滞后期的脉冲响应轨迹，分别表示短期、中期和长期的脉冲响应。两个图的走势反映出在不同滞后期下，mvc对于mpt和ms的脉冲响应是非常不一致的。首先，我们分析左图。左图代表的是宏观经济波动对货币政策透明度在不同滞后期的脉冲响应情况。从1个季度、1年和2年的脉冲反应

来看，货币政策透明度均对宏观经济波动产生抑制作用。同时相对于短期而言，中长期宏观经济波动对于透明度的响应程度也较小，冲击作用不是十分显著。具体而言，短期（1个季度）宏观经济波动对货币政策透明度一直有负向的反应。中期（1年）宏观经济波动对透明度的响应也存在负向的反应，但是在2014年后逐渐衰减。长期（2年）宏观经济波动对透明度的响应呈现较大波动，但是在2014年后也迅速衰减。

其次，我们分析右图，右图表示的是宏观经济波动对于货币政策操作不同滞后期的脉冲响应情况。从不同滞后期的响应轨迹上来看，宏观经济波动对货币供应的响应呈现正向作用。表示货币操作会增加宏观经济的波动。同时相对于短期而言，中长期的正向作用更为显著，同时宏观经济波动对于货币供应的响应波动幅度也较大。具体而言，短期（1个季度），宏观经济波动对货币供应的响应为正，但是作用并不显著，并一直维持较低水平。中期（1年）宏观经济波动对货币供应的响应程度增加，同时在2015年后经历一段时间的波动后逐渐保持平稳状态。长期（2年）宏观经济波动对货币供应的响应与中期类似，只是波动幅度明显增加。

（二）不同时点的脉冲响应

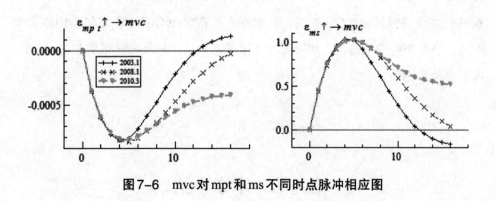

图7-6　mvc对mpt和ms不同时点脉冲相应图

图7-6反映的是宏观经济波动对政策透明度和货币供应不同时点的冲击响应脉冲图。图中的带线曲线、带星曲线、和带点曲线分别代表了在2003年第1季度、2008年第1季度和2010年第3季度的时点冲击脉冲响应轨迹，反应周期均为4年。两个图的走势反映出在不同时点，mvc对于mpt和ms的脉冲响应

是非常不一致的。首先，我们分析左图。左图代表的是宏观经济波动对货币政策透明度在不同时点的脉冲响应情况。从2003年第1季度、2008年第1季度和2010年第3季度的脉冲反应来看，不同时点脉冲相应图走势基本保持一致，均是在第一年脉冲响应程度不断增强，之后逐渐衰减，并在第4年基本保持平稳。具体而言，在2003年第1季度时点上，宏观经济波动对货币政策透明度一直有负向的反应，这是因为我国在2002年加入国际货币基金组织数据公布通用系统（GDDS）透明度水平出现了较为明显的上升，减少了宏观经济的波动。在2008年第1季度时点上，宏观经济波动对透明度的响应基本保持负向的反应，4年后冲击反应基本消失，这是因为2008年左右全球爆发了比较严重的经济危机，市场对于央行信息披露的反应能力下降，透明度对稳定宏观经济波动的影响能力减弱。在2010年第3季度时点上，宏观经济波动对透明度的响应在第一年后迅速衰减，在3年后影响基本为0。

其次，我们分析右图，右图表示的是宏观经济波动对于货币政策操作不同时点的脉冲响应情况。从不同时点的响应轨迹上来看，宏观经济波动对于货币供应的响应保持较为一致的走势，并且绝大多数时间呈现正向作用，表示货币操作会增加宏观经济的波动。具体而言，在2003年第1季度，宏观经济波动对货币供应的响应为正，在冲击1年期内响应程度不断上升，1年后出现衰减，并最终保持在0.5单位左右的水平上。在2008年第1季度和2010年第3季度，脉冲响应的轨迹与2003年第1季度基本一致，只是在三年期左右后，脉冲响应基本消失。

第三节　本章小结

本章首先构建了福利损失函数，从理论上论证了货币政策透明度的提升有助于减少宏观经济的波动，降低社会福利损失。其次，本章以我国2000年第1季度-2014年第4季度的数据为基础，运用带有时变性质的TVP-SV-

VAR模型检验了宏观经济波动与货币政策透明度之间的关系。为了使估计结果更具合理性，在考察货币政策透明度与宏观经济波动关系的同时，本书引入了代表货币政策操作的货币供应变量。通过对货币政策透明度和宏观经济波动的考察，我们可以得出以下结论：

第一，提升货币政策透明度有助于减少宏观经济波动，而货币操作则会加剧宏观经济波动，这与当前国内外很多的研究结论是较为一致的；第二，从不同滞后期的脉冲响应来看，短期货币政策透明度会对减少宏观经济波动产生抑制作用，但是中长期来看，这种负向作用会逐渐衰减；第三，从不同时点的脉冲响应来看，在不同时点宏观波动对于透明度和货币供应冲击的响应基本保持一致；第四，相较于货币供应状况来看，透明度的脉冲响应影响较小，很多时候表现得并不显著。

根据以上研究，我们认为由于货币政策透明度具有减少宏观经济波动的作用，而我国目前透明度水平依然较低。因此，央行应采取各种手段不断加强与公众的交流和沟通。其次，货币政策透明度的提升是一个长期的过程，短期沟通的效果并不能一直维持，因此与公众的交流应当成为常态。同时货币政策透明度建设应该与货币政策操作相配合，才能最大程度发挥政策沟通的效果。

第八章　结论与建议

第一节　本书主要结论

一、货币政策风格的转换具有坚实的理论基础和实践基础

货币政策风格的转变是理论进步和实践发展共同作用的结果。从理论基础方面来看，预期理论、信息经济学理论、动态不一致理论、公共选择理论和委托代理理论等都是货币政策透明度提升的基础。在这些理论中，信息不对称、理性经济人是最为重要的假设条件。在此基础上，各个理论与货币政策透明度密切相关。理论的不断进步与完善，为政策透明度问题提供了坚实基础，政策透明度的提升也是各种理论进步完善的一种体现。从货币政策透明度提升的实践基础来看，主要包括民主政治的发展、经济危机的爆发和信息技术的进步。这里面既有政治的因素，也有经济因素，既有被动的压力，也有主动的动力，既有市场的需求，也有技术的支持。因此，货币当局提升政策透明度既具备了实践基础，也顺应了时代潮流。

二、货币政策透明度的提升有利有弊

货币政策透明度对宏观经济和政策效果有积极影响也有消极影响，并且随着假设条件的变化，这两者有时候也可以相互转化。例如政策透明有助于引导市场预期，并对货币政策执行产生积极作用。但同时由于宏观经济的波动受很多因素的影响，包括可控因素和不可控因素。当面临不可控因素时，

央行的货币政策操作甚至政策目标都会出现调整，与央行之前的承诺发生变化，产生动态不一致性的问题，这势必影响公众对于市场的预期。因此，能否很好地解决动态不一致性问题是确保透明度能否正确引导预期的关键。再如，提升货币政策透明度可以稳定市场预期，减少由于预期因素带来的市场波动。提升货币政策透明度实质上向市场传递了货币政策的信号，锚定了公众对于货币政策走势的预期，能够减少市场的不确定性，抑制市场的剧烈波动。之所以还有很多透明度水平较高的国家，在信息披露时引发了市场的剧烈波动，很多时候是与信息披露的质量、时机和规则密切相关的。

货币政策透明度能够充分发挥作用，还需要具有较高的可信度。只有货币当局的可信度非常高，货币政策披露的信息才会对市场参与者产生较好的预期引导作用，才能充分发挥货币政策的效果。这主要是因为透明度提升可以使公众更好的监督货币当局的行为，使得央行履行承诺的可能性大大提升。但是仅仅依靠承诺和对承诺的解释还是远远不够的，更为重要的是来自于对承诺的履行，后者往往是更为关键的。即使披露信息很少，但是只要坚持履行承诺，政策可信度依然会很高。

三、我国货币政策透明度水平在不断提升，并且空间还很大

通过对我国货币政策透明度的评价研究，我们发现，自2000—2014年我国货币政策透明度水平是不断提升的。人民银行对于提升政策透明度和加强与公众之间交流沟通的重视程度也是在不断提升的。除了常规的发布政策公告、政策执行报告等常规的沟通方式外，人民银行也通过新闻发布会、新闻网站等新媒体方式向公众传达政策信息。

虽然我国的货币政策透明度水平在不断提升，但是我国的货币政策透明度建设也存在很多的问题。一是我国的货币政策目标不够明确和清晰。不同于西方发达国家的以稳定物价稳定为基础，进而实现经济增长的单一货币政策目标。虽然中国人民银行法中对货币政策目标有清晰的界定，但是实际操作中往往要兼顾很多目标，例如促进经济增长、稳定物价、推动就业、扩大储备、稳定汇率等等。不但政策目标繁多，而且缺乏清晰定位。也正因此，我国的央行也被市场戏称为"央妈"；二是政策委员会没有发挥应有的效力。

首先，虽然我国在1997年就建立了货币政策委员会，但是与国外的货币政策咨询和决策机构相比，由于我国的货币政策委员会目前还不具备决策职能，仅仅是议事咨询机构，这就决定了货币政策委员会的决议对公众预期的引导是缺乏效力的。其次，由于我国货币政策委员会决议过程不明确（一般不公布会议纪要和详细的会议记录，也不会公布货币政策委员的投票情况等）、定期会议的频率较低、发布的决议原则性描述过强以至于缺乏对公众的引导。最后，货币政策委员会组成人员中很多都是政府官员，专家和业界人员数量偏少，很难真正发挥科学决策和咨询的作用。因此我国的货币政策委员会在引导公众预期方面，与国外央行相比还存在很大差距；三是我国货币政策的信息披露与国际货币基金组织SDDS标准还存在一定差距。首先，我国很多关键数据的披露和预测并不是出自人民银行，例如经济增长和通货膨胀的数据和预测来源于国家统计局和国务院的政府工作报告。其次，对外公布数据的完整性和及时性有待提高。人民银行侧重于对政策目标、金融数据等的披露，但是对于政策制定过程、政策走势、利率走势、预测模型等方面等的披露的较少，做法较为保守和谨慎。最后，央行公布的预测和决策信息经常使用比较原则性和官方性的措辞，使得公众很难从这些公告或新闻发布会中准确领悟到央行的政策意图，从而对央行货币政策走向做出正确的判断。

综上所述，我国的货币政策透明度水平是在不断提升的，但是无论是从信息披露的数量和质量上，还是市场对于已披露信息的反应程度上来看，我国货币政策透明度的提升还有很长一段路要走。

四、外部和实体性因素是影响货币政策透明度的关键因素

通过基于DAG模型的预测方差分解，我们发现货币政策透明度的波动绝大部分可以由自身因素来解释，存在很大的惯性。除去自身惯性因素外，各变量对货币政策波动影响的大小从高至低依次为：开放度＞经济增长＞历史通胀＞金融深化，并且金融深化的影响一直非常小。这说明，我国货币政策透明度受外部影响较大，受内部影响较小；受实体经济影响较大，受物价、金融等虚拟经济因素影响较小。

我国1978年后开始进行全面的改革开放，党的十四大才确立了我国有计

划的市场经济体制。纵观改革开放以来三十年的变化，我国很多的政策体制变革都是受外界因素影响的。现代金融体制、现代企业治理体制、宏观政策监管体制等，很多都是通过对外交流与学习中从国外引进来，对于货币政策风格转换来说也是如此。除了对外开放的因素，经济增长在政策透明度风格转换中也发挥了巨大的作用。经济的增长和发展一方面激发了人们对于政策信息的大量需求，另一方面由于经济增长带来的现代民主制度的进步也进一步加快了信息的沟通和交流。分析20世纪90年代以来透明度提升的历史，很多国家提升政策透明度的初衷都是为了稳定公众预期，降低通货膨胀，因此，历史通胀水平的高低很多时候也成了政策透明度提升的内在动力。同时，金融深化同样在透明度提升中扮演着重要角色，正如已有研究所证实的那样，透明度水平较低的国家主要集中于远离金融中心的北非和阿拉伯国家。只有金融不断地深化和发展，才能对宏观监管和微观监管提出更多要求，才能促进政策体制和政策风格的不断变革和转换。

五、货币政策透明度可以减少宏观经济的波动

本书通过理论推导和实证检验均证实，提升货币政策透明度有助于减少宏观经济的波动。另外，从不同滞后期的脉冲响应来看，短期货币政策透明度会对宏观经济波动产生抑制作用，但是中长期来看，这种负向作用会逐渐衰减。这个结论一方面证实了提升货币政策透明度对于稳定预期的重要作用。另一方面也说明了预期因素在宏观经济波动中的重要作用。因此，加强宏观调控中的预期管理显得至关重要。透明度短期对于稳定通胀预期的作用比较明显，但是中长期来说就会逐渐消退。这表明货币政策透明度在稳定预期方面是有条件的，时间越长，宏观经济受意外冲击的可能性就越大，政策发生变动进而导致动态不一致性的可能性就越大，这时候就非常考验货币当局政策的可信性。

第二节　政策建议

根据以上研究，为了更好地发挥货币政策透明度在引导公众预期，减少经济波动，提升政策效果方面的积极作用，我们提出以下政策建议。

一、提高沟通水平和质量

对于我国而言，近年来我国的货币政策透明度水平是在不断上升的，但是与国际货币基金组织数据披露特殊标准（SDDS）的要求相比还有很大的差距。目前我国已经步入经济发展的新常态，经济增长、经济结构、发展方式都在经历重大的调整和变革。同样地，作为宏观调控重要组成部分的货币政策，也应该创新政策工具、转变政策风格，以满足新形势下宏观调控的要求。刚刚召开的中央经济工作会议提出，为了配合供给侧改革，我国的宏观政策要稳，微观政策要活，而提升政策透明度在引导公众预期、稳定市场方面具有重要作用，应该充分重视。

首先，货币当局在与公众进行交流时要向公众传达清晰、必要的信息，对于关键信息还需要给予适当的强调，以突出该信息的重要性。对于常规性货币政策信息披露要建立规则，逐步使信息披露标准化、规范化。对于非常规政策措施，在进行披露的同时要进行耐心细致的解释，安抚市场情绪。

其次，货币政策透明度的提升是一个长期的过程，短期沟通的效果并不能一直维持，因此与公众的沟通和交流应当成为常态。同时货币政策透明度建设应该与货币政策操作相配合，才能最大程度发挥政策沟通的效果。

再次，针对由于信息披露导致的市场波动，货币当局要在信息披露过程中，避免发布虚假信息或者误导信息对市场情绪造成不必要的冲击。同时信息披露过程中要把握好时机，尽量减少信息披露的负面影响。

最后，货币当局在发布政策措施前，应当仔细评估该政策对市场参与者的影响以及市场参与者的可能反应，创新货币政策工具，减少公众对冲操作对货币政策效果的抵消。

二、提升货币政策的独立性

正如结论中分析的那样，目前我国货币政策透明度水平不高还有一个非常重要的原因，就是我国货币当局的政策独立性不高。这表现在很多方面，例如独立决策能力、政策委员会政策效力、政策决策机构人员组成等。跟国外的政策透明度水平相比，我国的政策透明度水平是在不断上升的，并且在很多方面，进步还比较明显。但是由于我国的货币政策独立性较低，信息披露所传达的信息可读性差，政策沟通的效果是大打折扣的。从这个角度而言，我国的货币政策透明度很多时候只是实现了形式上的透明，缺少实质上的透明。为此，央行应采取措施提升政策透明度水平。

第一，明确货币政策目标的偏好。针对目前我国货币政策目标过多、目标偏好不明确的现状。央行不但要从法律上确定目标偏好，在实际操作中也要坚持既定目标，提高政策的可信性。一旦目标偏好既定，并且央行坚持始终如一，透明度在提升政策效果方面的作用会大大增强，可以真正起到稳定市场预期的作用。

第二，提高我国货币政策委员会的决策效力。以美联储为例，美联储的每次例会和公开市场会议都会引发全美甚至世界舆论的广泛关注，针对美联储的政策决议也会引发很多的解读。但是反观我国的货币政策委员会例会，市场的关注度却很小。这主要是因为我国的货币政策委员是议事咨询机构，缺少政策建议和政策决策能力。会后发布的公告，使用的语言和措辞过于官方性，缺少可读性。因此，我国应提高货币政策委员会的决策效力，真正发挥政策委员会在政策制定中的作用。

三、有效应对动态不一致性问题

正如结论里面说明的一样，货币政策透明度有可能会带来市场的波动，这种波动一种情况来自信息披露的质量和水平，另外一种情况就来自宏观经济冲击带来的动态不一致性。其实，这种由于透明度导致的动态不一致，进而引发的对于预期的不利影响是可以通过措施减轻或消除的。

首先，央行应该充分考虑到宏观经济运行的复杂性，在信息披露尤其是政策目标和政策操作等信息披露的过程中必须考虑到时间的问题。承诺的时期越长，实际发生的可能性就越低，因为在此期间经济形势发生变化的可能性越大。也正是基于此，央行对于未来的政策决定应尽量做出有条件的、相对短期的承诺。

其次，央行必须向公众充分说明货币政策决策的复杂性。货币政策环境在不断变化，经济环境、外部冲击、货币政策制定使用的模型和参数、市场预期过程等都存在着很大的不确定性。因此，央行在做出货币政策承诺前必须向公众说明，这种承诺存在着发生变动的风险和可能。一旦政策出现调整的时候，能够更容易得到市场参与者的理解和支持。

最后，当央行明显偏离基于过去行为估计的反应函数或者与公众预期发生明显偏离，也即发生动态不一致的情况时，央行应该向公众解释。通过对当前形势的再评估，提出更具有说服力的证据，以获取公众的认可。

四、辩证地看待政策透明度的作用

通过对货币政策透明度的利弊分析我们发现，货币政策透明度提升既有好处也会带来很多弊端，因此，我们应该辩证地看待货币政策透明度的作用。

第一，货币政策透明度在稳定预期、减少波动方面的确具有积极的作用，很多样本数据也证实了这一点。但是提升政策透明度是有成本的，无论是信息披露中耗费的人力资本，还是物质资本都是为了提升政策透明度付出的代价。因此，在提升政策透明度时应该把握好度，一味无限制的要求提升透明度水平不但不符合货币当局工作的实际，也违反了成本收益的基本原则。

第二，在沟通内容方面，中央银行应及时、广泛地对外披露准确度高的信息，而对于披露准确度低的信息，中央银行则应采取十分谨慎的态度。中央银行所掌握信息的相对准确度以及经济主体的从众动机强弱，是决定中央银行应该采取透明性货币政策还是隐秘性货币政策的关键因素之一。当中央银行信息的相对准确度较高时，中央银行应该加大沟通力度，提升沟通的效率，采取较为透明的货币政策，确保经济主体及时准确接收政策信息，减少信息上的不对称；而当中央银行掌握的信息精确度不高，同时市场参与主体又存在较高的"羊群效应"（即从众现象）时，央行此时的最佳策略是保持适度的隐秘，以免造成市场主体的过度反应。

第三，当货币当局的目标偏好不明确时，应该采用适度隐秘性的政策。以我国央行为例，虽然《中国人民银行法》规定我国货币政策的主要目标是维持物价稳定，并在此基础上促进经济增长。但是实际上，我国的货币政策目标不仅限于此，通常还会肩负维持金融市场稳定、维持进出口平衡、维持汇率市场稳定等目标。除此之外，我国的货币政策目标偏好是非常不明确的。在这种情况下，过高的货币政策透明度不但会引发动态不一致性的问题，同时也会使央行的信誉受到很大的影响。因此，当央行的政策目标偏好不明确时，美联储前主席格林斯潘提倡的"模糊不清"，保持适度隐秘性的政策风格就是最佳的决策，这可以将信息披露可能引致的损失降至最低。

综上所述，本书的研究丰富了货币政策透明度理论，加深了对货币政策透明度问题的认识，在货币政策透明度问题成为研究热点和货币政策透明度提升成为国际趋势的背景下，具有重要的理论意义和现实意义。

参考文献

[1] 卞志村,张义.央行信息披露,实际干预与通胀预期管理[J].经济研究,2012(12):15-28.

[2] 卜振兴.新常态下的货币政策:争议与共识[J].西南民族大学学报(人文社科版),2015,09:119-127.

[3] 陈利平.中央银行货币政策的透明与模糊[J].世界经济,2005(2):3-12.

[4] 程均丽.货币政策透明度理论研究[M].西南财经大学出版社,2008,27-52.

[5] 刁节文,贾德奎.货币政策动态透明度指数的中国检验[J].上海金融,2006(04):32-35.

[6] 刁节文,贾德奎.货币政策透明度:理论研究与实践进展[J].当代财经,2006(10):40-43.

[7] 刁节文,王铖.基于市场预期行为下我国货币政策效应分析[J].上海金融,2009(09):41-44.

[8] 郭娜,李政.我国货币政策工具对房地产市场调控的有效性研究——基于有向无环图的分析[J].财贸经济,2013(9):130-136.

[9] 何运信.中央银行货币政策透明性的作用与边界[J].经济社会体制比较,2014(01):52-66.

[10] 湖北经济学院彭芸.中央银行沟通与预期的稳定[N].金融时报,2007-09-03008.

[11] 冀志斌,周先平.中央银行沟通可以作为货币政策工具吗——基于中国数据的分析[J].国际金融研究,2011(2):25-34.

[12] 贾德奎,胡海鸥.基于市场预期行为的货币政策透明度检验[J].财经论丛(浙江财经学院学报),2006(05):47-51.

[13] 贾德奎.货币政策透明度与金融风险管理[M].社会科学文献出版社,2011,95-97.

[14] 贾德奎.货币政策透明度与政策有效性:基于利率期限结构预期理论的检验[J].系统管理学报,2010(05):503-508.

[15] 贾德奎.货币政策透明度指数:理论方法与实证检验[J].财经研究,2006(11):66-75.

[16] 刘金全.现代宏观经济冲击理论[M].长春:吉林大学出版社,2000:163-167.

[17] 陆蓓.提高透明度的货币政策操作与效果研究[D].上海交通大学,2008.131-137.

[18] 马理,黄帆帆,孙芳芳.央行沟通行为与市场利率波动的相关性研究--基于中国银行业同业拆放利率Shibor的数据检验[J].华中科技大学学报:社会科学版,2013(6):88-97.

[19] 牛筱颖.货币政策透明度研究评述[J].外国经济与管理,2005(10):59-67.

[20] 庞皓,陈述云.格兰杰因果检验的有效性及其应用[J].统计研究,1999(11):42-46.

[21] 秦凤鸣.货币政策透明度研究前沿[J].经济学动态,2009(06):109-114.

[22] 沈煊,张伟.我国货币政策透明度演变趋势及测度分析[J].求索,2010(06):1-4.

[23] 盛骤.概率论与数理统计[M].北京:高等教育出版社,2001,126-133.

[24] 王美今,王少林.中国货币政策透明化的综合效应[J].中山大学学报(社会科学版),2013(03):190-201.

[25] 王少林,林建浩,李仲达.中国货币政策透明化的宏观经济效应——基于PTVP-SV-FAVAR模型的实证研究[J].财贸经济,2014(12):64-74.

[26] 王书朦.中央银行货币政策信息沟通的预期引导效应[J].当代经济研究,2015(10):53-62.

[27] 魏永芬.关于货币政策透明度问题的研究[J].金融研究,2004(10):33-39.

[28] 魏永芬.货币政策透明度理论与实践问题研究[M].北京师范大学出版社,2011，142-145.

[29] 魏永芬.货币政策透明度理论与实践问题研究[M].北京师范大学出版

社,2011.38—43.

[30] 吴国培,潘再见.中央银行沟通对金融资产价格的影响——基于中国的实证研究[J].金融研究,2014(5):34—47.

[31] 吴卫华.中国货币政策透明度博弈分析[J].经济科学,2002(6):52—59.

[32] 夏斌,廖强.货币供应量已不宜作为当前我国货币政策的中介目标[J].经济研究,2001,08:33—43.

[33] 肖曼君,李颖.货币政策透明度与通货膨胀的关系研究——基于PVAR模型的实证检验[J].财经理论与实践,2013(03):19—23.

[34] 肖崎.关于货币政策透明度评估指标体系的研究[J].财贸研究,2006(05):78—85.

[35] 肖崎.货币政策透明度指数研究[J].财经论丛(浙江财经学院学报),2006(06):35—41.

[36] 谢平,程均丽.货币政策透明度的基础理论分析[J].金融研究,2005(01):24—31.

[37] 徐平.我国货币政策透明度问题研究[D].广州:暨南大学,2011.

[38] 徐筱雯,高艳.货币政策透明度、通胀偏差与预期成本[J].南开经济研究,2006(04):138—145.

[39] 徐亚平.货币政策有效性与货币政策透明制度的兴起[J].经济研究,2006,8:24—34.

[40] 杨建清,郭建伟,廖进中.新兴市场国家中央银行透明度计量分析[J].世界经济,2006(4):68—76.

[41] 杨丽华.货币政策透明度的国际比较[J].上海金融,2008(11):45—49.

[42] 杨姝.我国货币政策透明度的问题研究[D].长春:吉林财经大学,2013.

[43] 杨子晖.财政政策与货币政策对私人投资的影响研究——基于有向无环图的应用分析[J].经济研究,2008(5):81—93.

[44] 尹宝亮.我国货币政策透明度研究[D].南京:南京航空航天大学,2007.

[45] 尹干军.我国货币政策透明度研究[D].长沙:湖南大学,2008,49—55.

[46] 张鹤,张代强,姚远,等.货币政策透明度与反通货膨胀[J].经济研究,2009(07):55—64.

[47] 张旻苏.货币政策透明度对我国通货膨胀预期影响的实证研究[D].西南财经大学,2013.

[48] 张强,胡荣尚.中央银行沟通对金融资产价格的影响——以股票市场为例[J].财贸经济,2013(8):67−77.

[49] 张强,胡荣尚.中央银行沟通对利率期限结构的影响研究[J].国际金融研究,2014(6):10−20.

[50] 赵锴.货币政策透明度的结构与体系的非完整性[J].财经科学,2007(02):15−21.

[51] 周海刚.巴塞尔银行监管委员会关于银行透明度的建议及其效应分析[J].国际贸易问题,1999(12):45−50.

[52] Akerlof G A. The market for "lemons" : Quality uncertainty and the market mechanism [J]. The quarterly journal of economics, 1970:488−500.

[53] Allan D, Masson P R. Credibility of policies versus credibility of policymakers [J]. Social Science Electronic Publishing, 1994, 109(3):735−754.

[54] Amtenbrink F. The democratic accountability of central banks [D]. Groningen: University of Groningen, 1998.

[55] Amtenbrink F. The Three Pillars of Central Bank Governance−Towards a Model Central Bank Law or a Code of Good Governance? [J]. International Monetary Fund, 2005, 4:101−132.

[56] Andersson M, Hofmann B. Gauging the effectiveness of quantitative forward guidance: evidence from three inflation targeters[R]. European Central Bank, 2009,24−27.

[57] Arrow K J. Social Choice and Individual Values[J]. European Journal of Political Economy, 1963,60(5):422.

[58] Awokuse T O, Bessler D A. Vector autoregressions, policy analysis, and directed acyclic graphs: an application to the US economy[J]. Journal of Applied Economics, 2003,6(1):1−24.

[59] Barro R J, Gordon D B. A Positive Theory of Monetary Policy in a Natural

Rate Model[J]. The Journal of Political Economy, 1983,91(4):589−610.

[60] Barro R J, Gordon D B. Rules, discretion and reputation in a model of monetary policy[J]. Journal of monetary economics, 1983,12(1):101−121.

[61] Baxter M. The role of expectations in stabilization policy [J]. Journal of Monetary Economics, 1985, 15(85):343−362.

[62] Bean C. The new UK monetary arrangements: a view from the literature [J]. The Economic Journal, 1998, 108(451):1795−1809.

[63] Bergson A. A reformulation of certain aspects of welfare economics[J]. The Quarterly Journal of Economics, 1938:310−334.

[64] Berle A, Means G C. The modern corporation and private property[M]. New York: Macmillan, 1932.

[65] Bini−Smaghi L, Gros D. Is the ECB Sufficiently Accountable and Transparent? [R]. European Network of Economic Policy Research Institutes, 2001.

[66] Black D. The Theory of Committees and Elections[J]. Journal of Public Economics, 1958,5(5):212−258.

[67] Blackwell D. Equivalent comparisons of experiments [J]. The annals of mathematical statistics, 1953, 24(2):265−272.

[68] Blanchard O, Dell Ariccia G, Mauro P. Rethinking macroeconomic policy[J]. Journal of Money, Credit and Banking, 2010,42(s1):199−215.

[69] Blanchard O, Perotti R. An Empirical Characterization of the Dynamic Effects of Changes in Government Spending and Taxes on Output[J]. NBER Working Paper Series, 1999:7269.

[70] Blinder A S, Ehrmann M, Fratzscher M, et al. Central Bank Communication and Monetary Policy: A Survey of Theory and Evidence[J]. Journal of Economic Literature, 2008,46(4):910−945.

[71] Blinder A S. Central Banking in Theory and Practice[M]. Cambridge MA: The MIT Press, 1998，70−72.

[72] Blinder A S. How do central banks talk[R] Geneva Reports on the World

Economy, 2001.

[73] Blinder A S. The Quiet Revolution: Central Banking Goes Modern [J]. Foreign Affairs, 2004, 32(3):7-9.

[74] Blinder, A., Goodhart, C., Hildebrand, P., Lipton, D., & Wyplosz, C. How do Central Banks talk? [R]. Geneva: International Center for Monetary and Banking Studies, 2001.

[75] Brunner K. The art of central banking [M]. Graduate School of Management, University of Rochester, 1981.

[76] Cagan B P. The monetary dynamics of hyperinflation, reprinted: In studies in the quantaty theory of Money, University of Chicago[C]. University of Chicago Press, 1956, 25-117.

[77] Canzoneri M B. Monetary policy games and the role of private information[J]. The American Economic Review, 1985,75(5):1056-1070.

[78] Carpenter S B. Transparency and monetary policy: what does the academic literature tell policymakers? [R]. Board of Governors of the Federal Reserve System (US), 2004.

[79] Carter C K, Kohn R. On Gibbs sampling for state space models[J]. Biometrika, 1994,81(3):541-553.

[80] Cecchetti S G, Krause S. Central bank structure, policy efficiency, and macroeconomic performance: exploring empirical relationships[J]. Review-Federal Reserve Bank of Saint Louis, 2002,84(4):47-60.

[81] Chadha J S, Nolan C. Inflation targeting, transparency and interest rate volatility: Ditching "monetary mystique" in the U.K. [J]. Journal of Macroeconomics, 2001,23(3):349-366.

[82] Chortareas G, Stasavage D, Sterne G. Does it pay to be transparent? International evidence form central bank forecasts[J]. Federal Reserve Bank of St. Louis Review, 2002,84(4):99-118.

[83] Christensen M. Disinflation, credibility and price inertia: a Danish exposition [J]. Applied Economics, 1987, 19(10):1353-1366.

[84] Cochrane J H, Piazzesi M. The Fed and interest rates--a high frequency identification [J]. The American Economic Review, 2002, 92(2):90.

[85] Cogley T, Sargent T J. Drifts and volatilities: monetary policies and outcomes in the post WWII US[J]. Review of Economic Dynamics, 2005,8(2):262−302.

[86] Cogley T, Sargent T J. Evolving Post−World War II US Inflation Dynamics[J]. NBER Macroeconomics Annual, 2001:331−373.

[87] Cook T, Hahn T. The Effect of Changes in the Federal Funds Rate Target on Market Interest Rates in the 1970S [J]. Journal of Monetary Economics, 1988, 24(3):331−351.

[88] Crowe C, Meade E E. Central bank independence and transparency: Evolution and effectiveness[J]. European Journal of Political Economy, 2008,24(4):763− 777.

[89] Cukierman A, Meltzer A H. A theory of ambiguity, credibility, and inflation under discretion and asymmetric information[J]. Econometrica: Journal of the Econometric Society, 1986:1099−1128.

[90] Dai M, Spyromitros E. Inflation contract, central bank transparency and model uncertainty [J]. Economic Modelling, 2012,29(29):2371−2381.

[91] Dale S, Orphanides A, Österholm P. Imperfect Central Bank Communication Information Versus Distraction. [M]. International Monetary Fund, 2008, 3−39.

[92] De Haan J, Amtenbrink F. A Non−Transparent European Central Bank? Who is to Blame? [J]. SSRN Working Paper Series, 2003:1−38.

[93] Deane M, Pringle R. The central banks [M]. London: Hamish Hamilton, 1993，313.

[94] Demertzis M, Hallet A H. Central Bank Transparency in Theory and Practice, No.105[R]. Netherlands Central Bank, 2003.

[95] Demertzis M, Hallett A H. Central bank transparency in theory and practice [J]. Journal of Macroeconomics, 2007, 29(4):760−789.

[96] Dennis R. The policy preferences of the US Federal Reserve[J]. Journal of

Applied Econometrics, 2006,21(1):55-77.

[97] Dillén H, Nilsson J. Transparency, uncertainty and monetary policy[C] Workshop held at the Reserve Bank of New Zealand. 1998: 29-30.

[98] Dincer N N, Eichengreen B. Central Bank Transparency and Independence: Updates and New Measures[J]. International Journal of Central Banking, 2014,10(1):189-259.

[99] Dincer N N, Eichengreen B. Central Bank Transparency: Where, Why, and with What Effects? [Z]. National Bureau of Economic Research, Inc., 2007.

[100] Dincer N, Eichengreen B. Central bank transparency: causes, consequences and updates[J]. Theoretical Inquiries in Law, 2010,11(1):75-123.

[101] Dornbusch R. Credibility and stabilization [J]. The Quarterly Journal of Economics, 1991:837-850.

[102] Edelberg W, Marshall D. Monetary policy shocks and long-term interest rates [J]. Economic Perspectives, 1996, 26(March):2-17.

[103] Ehrmann M, Fratzscher M. Communication by Central Bank Committee Members: Different Strategies, Same Effectiveness? [J]. Journal of Money Credit & Banking, 2007,39(2-3):509-541.

[104] Eijffinger S C, Hoeberichts M, Schaling E. Why money talks and wealth whispers: Monetary uncertainty and mystique[J]. Journal of Money, Credit and Banking, 2000:218-235.

[105] Eijffinger S C, Hoeberichts M, Tesfaselassie M F. Central bank communication and output stabilization[Z]. CEPR Discussion Paper Series, Centre for Economic Policy Research (CEPR), London, 2004.

[106] Eijffinger S, Geraats P. How Transparent are Central Banks? [J]. European Journal of Political Economy, 2006,22(1):1-21.

[107] Eijffinger S, Hoeberichts M. Central Bank Accountability and Transparency: Theory and Some Evidence[J]. Deutsche Bundesbank Discussion Paper, 2000(6/00):1-21.

[108] Ellingsen T, Söderström U. Monetary policy and market interest rates [J].

American Economic Review, 2001:1594-1607.

[109] Evans C L, Marshall D A. Monetary policy and the term structure of nominal interest rates: evidence and theory[C]//Carnegie-Rochester Conference Series on Public Policy. North-Holland, 1998, 49: 53-111.

[110] Fama E F. Random Walks in Stock Market Prices [J]. Financial Analysts Journal, 1965, 21(5):55-59.

[111] Fatás A, Mihov I, Rose A K. Quantitative goals for monetary policy[J]. Journal of Money, Credit and Banking, 2007,39(5):1163-1176.

[112] Faust J, Svensson L E. Transparency and credibility: monetary policy with unobservable goals[J]. International Economic Review, 2001,42(2):369-397.

[113] Favero C A, Rovelli R. Macroeconomic stability and the preferences of the Fed: A formal analysis, 1961-98[J]. Journal of Money, Credit, and Banking, 2003,35(4):545-556.

[114] Ferguson R W. Why central banks should talk[J]. Remarks at the Graduate Institute of International Studies, Geneva, Switzerland, January, 2002,8:6-7.

[115] Freedman C, Transparent I. The Value of Transparency in Conducting Monetary Policy [J]. Federal Reserve Bank of St Louis Review, 2002.

[116] Freedman C. Monetary Policy Implementation: Past, Present and Future——Will Electronic Money Lead to the Eventual Demise of Central Banking? [J]. International Finance, 2000,3(2):211-227.

[117] Fry M, Julius D, Mahadeva L, et al. Key issues in the choice of monetary policy framework[J]. Monetary policy frameworks in a global context, 2000,1:1-216.

[118] Garfinkel M R, Oh S. When and how much to talk credibility and flexibility in monetary policy with private information[J]. Journal of Monetary Economics, 1995,35(2):341-357.

[119] Geraats P M, Romer D, Lyons R. Why Adopt Transparency? The Publication of Central Bank Forecasts, working paper[J]. Petra Maria Geraats, 2001.

[120] Geraats P M. Central Bank Transparency [J]. The Economic Journal, 2002,

112:533—565.

[121] Geraats P M. Trends in Monetary Policy Transparency [J]. International Finance, 2009,12(2):235—268.

[122] Geraats P M. Why Adopt Transparency? The Publication of Central Bank Forecasts[R]. Center for International and Development Economics Research, Institute for Business and Economic Research, UC Berkeley, 2000.

[123] Geweke J. Using simulation methods for Bayesian econometric models: inference, development, and communication[J]. Econometric reviews, 1999,18(1):1—73.

[124] Goodfriend M. Monetary mystique: Secrecy and central banking[J]. Journal of Monetary Economics, 1986,17(1):63—92.

[125] Granger C W. Investigating causal relations by econometric models and cross—spectral methods[J]. Econometrica: Journal of the Econometric Society, 1969:424—438.

[126] Greider W. Secrets of the temple [J]. New York: Simon & Schuster. Of monetary policy. Journal of Monetary Economics, 1987, 12:101—121.

[127] Haan J D, Eijffinger S C W. The Democratic Accountability of the European Central Bank: A Comment on Two Fairy—tales[J]. Jcms Journal of Common Market Studies, 2000,38(3):393—407.

[128] Hahn V, Gers Bach H. Should the Individual Voting Records of Central Bankers be Published? [R]. Deutsche Bundesbank, Research Centre, 2001.

[129] Hahn V. Transparency in Monetary Policy: A Survey[J]. CESifo Economic Studies, 2002,48(3):429.

[130] Haldane A, Read V. Monetary Policy Surprises and the Yield Curve [J]. SSRN Working Paper Series, 2000.

[131] Hayo B, Neuenkirch M. Domestic or US news: What drives Canadian financial markets? [J]. Economic Inquiry, 2012,50(3):690—706.

[132] Heinemann F, Ullrich K. Does it pay to watch central bankers' lips? The

information content of ECB wording[J]. The Information Content of ECB Wording, 2005:5—70.

[133] Hodrick R J, Prescott E C. Post—war US Business Cycles: all Empirical Investigation[J]. Working Paper, Carnegie University, 1980.

[134] Holmstrom B R. Moral Hazard of Observability[J]. Bell Journal of Economics, 1979,10(1):74—91.

[135] Hoover K D. Causality: Models, Reasoning, and Inference. [J]. Economic Journal, 2003,113(488):411—413.

[136] Howells P, Biefang—Frisancho M. Central Bank Transparency: A Market Indicator[R]. Department of Accounting, Economics and Finance, Bristol Business School, University of the West of England, Bristol, 2003.

[137] Hughes Hallett A, Viegi N. Credibility, transparency and asymmetric information in monetary policy[R]. CEPR Discussion Papers, 2001.

[138] Issing O G V A. Monetary policy in the Euro area: strategy and decision-making at the European Central Bank [J]. Cambridge Books, 2001, 28(3):371—394.

[139] Issing O. Communication, transparency, accountability: monetary policy in the twenty—first century [J]. Federal Reserve Bank of St. Louis Review, 2005(Mar):67.

[140] Issing O. The Euro Area and the Single Monetary Policy [J]. International Journal of Finance & Economics, 2001, 6(4):277—288.

[141] Jensen H. Optimal Degrees of Transparency in Monetary Policymaking[J]. Tropical Doctor, 2002,30(4):127—143.

[142] Johansen S. Estimation and hypothesis testing of cointegration vectors in Gaussian vector autoregressive models[J]. Econometrica: Journal of the Econometric Society, 1991:1551—1580.

[143] K N, Posen A S. Inflation, monetary transparency, and G3 exchange rate volatility[R]. Washington DC. Peterson Institute for International Economics IIE Working Paper No. 006, 2000.

[144] Kaldor N. The equilibrium of the firm[J]. The Economic Journal, 1934,44(173):60-76.

[145] Keister T, Martin A, McAndrews J. Divorcing money from monetary policy[J]. Economic Policy Review, 2008, 14(2):41-56.

[146] Keynes J M. The General Theory of Employment, Interest, and Money[J]. Foreign Affairs, 1936, 51(6):28 - 36.

[147] Kia A, Patron H. Market-based Monetary Policy Transparency Index, Risk and Volatility: The Case of the United States[R]. Carleton University, Department of Economics, 2004.

[148] King M. The inflation target five years on [J]. Bank of England. Quarterly Bulletin, 1997, 37(4):434.

[149] King M. The Institutions of Monetary Policy [J]. The American Economic Review, 2004, 94(2):1.

[150] Kohn D L, Sack B P. Central bank talk: does it matter and why? [R]. Washington, DC: Board of Governors of the Federal Reserve System (US), Finance and Economics Discussion Series Paper No. 2003-55, 2003.

[151] Kronecker L. Ueber den Zahlbegriff. [J]. Journal für die reine und angewandte Mathematik, 1887,101:337-355.

[152] Kuttner K N, Posen A S. Does talk matter after all? Inflation targeting and central bank behavior[R]. CFS Working Paper, 1999.

[153] Kydland F E, Prescott E C. Rules rather than discretion: The inconsistency of optimal plans[J]. The Journal of Political Economy, 1977:473-491.

[154] Levin A T, Natalucci F M, Piger J M. The macroeconomic effects of inflation targeting[J]. Review, 2004,86(4):51-80.

[155] Lucas Jr R E. An equilibrium model of the business cycle[J]. The Journal of Political Economy, 1975:1113-1144.

[156] Lucas Jr R E. Expectations and the Neutrality of Money[J]. Journal of economic theory, 1972,4(2):103-124.

[157] Mariscal B F, Howells P. Central banks and market interest rates[J]. Journal

of Post Keynesian Economics, 2002,24(4):569−585.

[158] Mirrlees J A. The Optimal Structure of Incentives and Authority Within an Organization[J]. Bell Journal of Economics, 1976,7(1):105−131.

[159] Mishkin F S, Posen A S. Inflation Targeting: Lessons from Four Countries[J]. Federal Reserve Bank of New York Economic Policy Review, 1997,3(3):9.

[160] Morris S, Shin H S. Social value of public information[J]. The American Economic Review, 2002,92(5):1521−1534.

[161] Muth J F. Rational expectations and the theory of price movements[J]. Econometrica: Journal of the Econometric Society, 1961:315−335.

[162] Nakajima J. Time−Varying Parameter VAR Model with Stochastic Volatility: An Overview of Methodology and Empirical Applications[J]. Monetary and Economic Studies, 2011,29:107−142.

[163] Nolan C, Schaling E. Monetary Policy Uncertainty and Central Bank Accountability[Z]. Bank of England, 1996.

[164] Norman R. Swanson, Clive W. J. Granger. Impulse Response Functions Based on Causal Approach to Residual Orthogonalization in Vector Autoregressions[J]. Journal of the American Statistical Association, 1994, 92(9−94−1):357−367.

[165] Okun A M. The political economy of prosperity[M]. The Brookings Institution Washington D.C., 1970.

[166] Omori Y, Chib S, Shephard N, et al. Stochastic volatility with leverage: Fast and efficient likelihood inference[J]. Journal of Econometrics, 2007,140(2):425−449.

[167] Ozlale U. Price stability vs. output stability: tales of federal reserve administrations[J]. Journal of Economic Dynamics and Control, 2003,27(9):1595−1610.

[168] Papadamou S. Market anticipation of monetary policy actions and interest rate transmission to US Treasury market rates[J]. Economic Modelling, 2013,33(33):545−551.

[169] Pearl J. Causal Diagrams for Empirical Research[J]. Biometrika, 1995,82(4):669-688.

[170] Plosser C. Forward guidance[R]. Federal Reserve Bank of Philadelphia, 2013,1-8.

[171] Poole W, Rasche R H. Perfecting the market's knowledge of monetary policy [J]. Journal of Financial Services Research, 2000, 18(2-3):255-298.

[172] Poole W. Fed transparency: how, not whether[J]. Review, 2003(Nov):1-8.

[173] Primiceri G E. Time varying structural vector auto regressions and monetary policy[J]. The Review of Economic Studies, 2005,72(3):821-852.

[174] Ranaldo A, Rossi E. The reaction of asset markets to Swiss National Bank communication[J]. Journal of International Money & Finance, 2007,29(3):486-503.

[175] Rogoff K. The optimal degree of commitment to an intermediate monetary target[J]. The quarterly journal of economics, 1985:1169-1189.

[176] Roley V V, Sellon Jr G H. Monetary policy actions and long-term interest rates [J]. Economic Review, 1995(Q IV):73-89.

[177] Rosa C. Words that shake traders: The stock market's reaction to central bank communication in real time[J]. Journal of Empirical Finance, 2011,18(5):915-934.

[178] Sargent T J, Wallace N. "Rational" Expectations, the Optimal Monetary Instrument, and the Optimal Money Supply Rule[J]. The Journal of Political Economy, 1975:241-254.

[179] Schaling E, Nolan C. Monetary Policy Uncertainty and Central Bank Accountability[J]. De Economist, 1998,146(4):5-42.

[180] Siklos P L. The changing face of central banking: Evolutionary trends since World War II [M]. Cambridge University Press, 2002.

[181] Sims C A. Are forecasting models usable for policy analysis? [J]. Federal Reserve Bank of Minneapolis Quarterly Review, 1986,10(1):2-16.

[182] Sims C A. Comparison of interwar and postwar business cycles: Monetarism

reconsidered[Z]. National Bureau of Economic Research Cambridge, Mass., USA, 1980.

[183] Söderström U, Söderlind P, Vredin A. Can a calibrated New-Keynesian model of monetary policy fit the facts? [Z]. Sveriges Riksbank Working Paper Series, 2002.

[184] Spence M, Zeckhauser R. 20-Insurance, Information, and Individual Action[J]. American Economic Review, 1971,61(2):380-387.

[185] Spirtes P, Glymour C, Scheines R. Causation, prediction, and search[M]. Cambridge: MIT Press, 2000.

[186] Stasavage D. Transparency, Democratic Accountability, and the Economic Consequences of Monetary Institutions[J]. American Journal of Political Science, 2003,47(3):389-402.

[187] Summers L. Panel Discussion: Price Stability: How Should Long-Term Monetary Policy Be Determined? [J]. Journal of Money, Credit and Banking, 1991:625-631.

[188] Sundararajan V, Das U, Yossifov P. Cross-Country and Cross-Sector Analysis of Transparency of Monetary and Financial Policies [J]. IMF Working Papers, 2003:1-44.

[189] Svensson L E O. Social Value of Public Information: Comment: Morris and Shin (2002) Is Actually Pro-Transparency, Not Con[J]. American Economic Review, 2006, volume 96(1):448-452.

[190] Thornton D L. Monetary policy transparency: transparent about what? [J]. Manchester School, 2003, 71(5):478-497.

[191] Tullock G, Buchanan J M. The calculus of consent[J]. Ann Arbor: University of Michigan Press, 1962:453-459.

[192] Ullrich K. Inflation expectations of experts and ECB communication[J]. SSRN Electronic Journal, 2007,19(1):93-108.

[193] Whitesell W. Interest rate corridors and reserves[J]. Journal of Monetary Economics, 2006,53(6):1177-1195.

[194] Wicksell K. The Scandinavian Monetary System after the [First World] War[J]. translated from the Swedish, in: B. Sandelin (ed.), Knut Wicksell: Selected Essays, 1917,2:71−80.

[195] Winkler B. Which kind of transparency? On the need for clarity in monetary policy−making, ECB Working paper 26[R]. European Central Bank, 2000.

[196] Woodford M. Interest Rates and Prices: Foundations of a Theory of Monetary Policy[J]. Macroeconomic Dynamics, 2003,72(287):550, 552.

[197] Woodford M. Monetary Policy in the Information Economy [J]. Symposium on Economic Policy for the Information Economy, 2001:297−370.

[198] Woodford M. The Taylor rule and optimal monetary policy [J]. American Economic Review, 2001:232−237.

[199] Wyplosz C, Genberg H, Fracasso A. How do central banks write [J]? Geneva Reports on the World Economy Special Report, 2003, 2:40−60.

[200] Yang J, Guo H, Wang Z. International transmission of inflation among G−7 countries: A data−determined VAR analysis[J]. Journal of Banking & Finance, 2006,30(10):2681−2700.